AF481327

CÓDIGO FUTURO

Diseño de tapa:
JUAN PABLO OLIVIERI

Ilustración de tapa:
SANTIAGO AMADOR ROJAS

MARTÍN MARTORELL

CÓDIGO FUTURO

Pequeños y grandes emprendedores
te invitan a trabajar en tecnología

GRANICA

ARGENTINA - ESPAÑA - MÉXICO - CHILE - URUGUAY

ARGENTINA
Ediciones Granica S.A.
Lavalle 1634 3º G / C1048AAN Buenos Aires, Argentina
granica.ar@granicaeditor.com
atencionaempresas@granicaeditor.com
Tel.: +54 (11) 4374-1456 - 1158549690

MÉXICO
Ediciones Granica México S.A. de C.V.
Calle Industria N° 82 - Colonia Nextengo - Delegación Azcapotzalco
Ciudad de México - C.P. 02070 México
granica.mx@granicaeditor.com
Tel.: +52 (55) 5360-1010 - 5537315932

URUGUAY
granica.uy@granicaeditor.com
Tel.: +59 (82) 413-6195 - Fax: +59 (82) 413-3042

CHILE
granica.cl@granicaeditor.com
Tel.: +56 2 8107455

ESPAÑA
granica.es@granicaeditor.com
Tel.: +34 (93) 635 4120

www.granicaeditor.com

ISBN 978-987-8935-57-7

Hecho el depósito que marca la ley 11.723

Impreso en Argentina. *Printed in Argentina*

Martorell, Martín
   Código futuro : pequeños y grandes emprendedores te invitan a trabajar en tecnología / Martín Martorell. - 1a. edición
especial - Ciudad Autónoma de Buenos Aires : Granica, 2023.
   192 p. ; 22 x 15 cm.

   ISBN 978-987-8935-57-7

   1. Cultura Emprendedora. I. Título.
   CDD 338.04

Índice

PARTE II

Agradecimientos

La idea de este libro surgió en el contexto de mi paso por la función pública como subsecretario nacional de Agenda Digital, en el año 2018 y 2019, oportunidad que le debo a la confianza que tuvieron en mí Andrés Ibarra y María Inés Baqué. A ellos va mi primer agradecimiento.

Diego Sehikman, además de ser periodista, es psicólogo y mi terapeuta desde hace cuatro años, y el proyecto de este libro surgió en el marco de sus sesiones. A él le debo el ánimo inicial y, en buena medida, la cordura necesaria para, aun en tiempos personales difíciles, haber podido dedicarme a una actividad creativa como lo es escribir.

Diego Pazkowski es el corrector literario de este libro. Una vez que tuve la idea, fue con Diego con quien, por así decirlo, aprendí a escribir y el resultado, para bien o para mal, está en estas páginas —lo que desde luego excede su responsabilidad. En su taller literario Diego propone, en principio, diez reglas de estilo, y una de ellas dice que debe usarse la menor cantidad de palabras para decir lo que uno quiere decir. ¡Gracias, Diego!

Este libro pudo escribirse gracias a las referencias para hallar las historias, y por eso agradezco a Carlos, Nicolás, Santiago, Mateo, Sebastián y Vanesa.

El libro luego tomó su forma gracias a que cada uno de los ocho protagonistas de la primera parte expuso su alma sin restricciones en las entrevistas que me permitieron llegar a sus historias. Gracias, de todo corazón, a Nicolás, Graciela, Guido, Andrea, Chapu, Steven, Benjamín y Lorena.

Le agradezco a Salvador Gargiulo por confiar y abrirme las puertas de Ediciones Granica. Gracias por esperar con paciencia y soportar con elegancia mis múltiples retrasos en la entrega de los textos.

Gracias a Santiago Amador por diseñar la tapa de este libro, y gracias por la fuerza de su arte, que también llena de energía el living de mi casa.

Por último, gracias a la familia y amigos que estuvieron presentes y alentaron este proyecto, en especial a los lectores más entusiastas que no dejaron de darme ánimo en los chats: Ana María, Analía, Catalina, María, Miguel, Juan Pablo, Gabriel, Sebastián, Ramiro y Santiago.

Introducción

La agenda digital argentina

Era viernes 2 de noviembre de 2018 y desde hacía un mes yo trabajaba en el Gobierno Nacional, todos los días, de lunes a domingo, desde muy temprano hasta muy tarde. Lo hacía gratis, sin contrato y con la promesa de que si no me podían nombrar, me recomendarían como consultor al Banco Interamericano de Desarrollo.

Anuncié a mi jefa, María Inés Baqué, por entonces secretaria de Innovación y Tecnología:

—Tengo una oferta para ir a trabajar con Mondelez; es una dirección regional basada en Buenos Aires, me dieron tiempo hasta el lunes para contestar.

María Inés abrió los ojos y me miró fijo; iba a empezar a hablar pero se frenó. Respiró, y luego me largó lo que claramente era un segundo pensamiento:

—Martín, tenés una familia y tres hijos, no puedo pedirte que te quedes acá cuando todavía ni siquiera logramos resolver lo de tu contrato. Si te vas, me dará una pena tremenda, pero lo entenderé.

Le di las gracias, porque la gente buena no abunda, y le dije que el lunes le respondería. Media hora después, antes de irme a casa, aunque ya nos habíamos despedido hasta el lunes, María Inés volvió a mi escritorio:

—¡Acaba de salir el decreto de la Agenda Digital!

Pronto se sumaron Agustín, Juan y otros compañeros de la oficina y todos empezaron a abrazarse y festejar. Cuando trabajás en el Gobierno hay pequeños grandes logros que para todos los demás pasan inadvertidos.

El Decreto N° 996/18 era importante para nosotros porque aprobaba las bases para la Agenda Digital Argentina, cuyos principales objetivos eran: promover los marcos jurídicos que permitan aprovechar las oportunidades digitales, facilitar el desarrollo de la infraestructura y accesibilidad a fin de conectar a todos de manera inteligente, fomentar la alfabetización digital como motor para la inclusión, desarrollar un Gobierno eficiente y orientado al ciudadano, fomentar la educación digital para favorecer la empleabilidad de los ciudadanos en el futuro y potenciar el crecimiento económico del país mediante el desarrollo digital.

Ese viernes, luego de los festejos y los abrazos, volví a casa a pie, no eran más de veinte cuadras, era una linda noche para dar un paseo y yo tenía mucho en qué pensar. Desde hacía más de tres años yo ayudaba al Gobierno Nacional, primero al formar un comité de asesores *ad honorem* para el Ministro de Modernización, Andrés Ibarra. Con ese comité nos reuníamos cada mes: él traía sus problemas y sus planes y nosotros le dábamos nuestra opinión; algunos quedábamos con algún compromiso de hacer algo hasta el encuentro siguiente. Yo era de los que siempre se quedaba con tarea extra: me había propuesto ayudar y aprender y allí lograba ambas cosas. Lo hacía en paralelo con mi trabajo en Philip Morris, donde había podido desarrollar una carrera internacional, rotando por distintos países, y por ese entonces estaba instalado en Brasil. Para poder asistir a las reuniones del comité debía asegurarme de estar en Buenos Aires un viernes al mes; era una tarea voluntaria por la que no cobraba un peso pero me llenaba de satisfacción. Luego de tres años, cuando salí de Philip Morris, comencé a trabajar en el gobierno con la esperanza de poder dedicarme a fomentar lo digital a tiempo completo. Como ya expliqué, me habían hablado de un contrato por tiempo determinado o un nombramiento, aunque hasta entonces no se había concretado ninguna de las dos cosas.

María Inés tenía razón: yo tenía tres chicos y debía pensar en la economía de mi casa. La oferta de Mondelez implicaba volver a la vida corporativa, con un salario altísimo, bono anual, acciones de la empresa, auto, OSDE 450, seguro de vida, un plan de carrera… Todas cosas que yo, tal vez por haberlas tenido desde muy joven, no había valorado lo suficiente, pero que entonces, sin trabajo y con una familia de cinco, me llevaban a la encrucijada de cumplir mi sueño de ser parte del Gobierno o de volver a una vida más segura en una empresa multinacional.

Por otra parte, sabía que tener una AGENDA DIGITAL era vital para cualquier país. Sin infraestructura digital y conectividad, sin planes de educación e inclusión digital, sin digitalización de las pymes, sin buenas leyes que promovieran la digitalización y el salto productivo que ella trae y sin un gobierno digital orientado al ciudadano, estaríamos condenados a ser una nación del pasado, decadente, sin esperanza.

Además en la Argentina había una demanda insatisfecha que estimábamos entre catorce mil y dieciocho mil perfiles de tecnología informática al año, y que no se lograba cubrir a pesar de los esfuerzos de las empresas por capacitar nuevos talentos y re-educar a sus empleados, ya que en promedio se formaban por año solo nueve mil nuevos talentos digitales.

El incremento exponencial de distintas tecnologías, tales como la robótica, la inteligencia artificial, la Internet de las Cosas, el Blockchain, entre otras, generaba un cambio importante e impredecible en el mercado laboral. Las personas se iban quedando sin la formación necesaria y la educación tradicional no lograba avanzar al ritmo de los cambios tecnológicos. Era sabido que muchos puestos de trabajo desaparecerían, y de a poco darían lugar a otros empleos, algunos de ellos incluso desconocidos aún.

Los puestos más demandados para el inicio de las carreras digitales eran los de Programador Web Jr., Marketing Digital, Analista de Datos y Soporte Técnico. Para contratar esos perfiles júnior, las empresas buscaban egresados del secundario con formación técnica, preferentemente con alguna experiencia laboral previa. Solo un tercio de las empresas pedía un título universitario como condición para los puestos de inicio de carrera en tecnología. Y aun así, los ejecutivos con los que hablábamos, muchos de ellos amigos míos, nos decían que la falta de talento digital era la principal barrera para la modernización de su empresa.

Al Gobierno las cosas le resultaban difíciles y a mí me desesperaba ver que la oportunidad del talento digital era urgente, y mi ventana de tiempo de hacer algo al respecto demasiado pequeña. Había una oportunidad única para que muchas personas que aún no se acercaban a las carreras digitales las conocieran, tomaran la decisión de estudiar y luego se insertaran efectivamente en puestos de tecnología.

Las veinte cuadras que debía caminar hasta mi casa no fueron suficientes: seguí rumbo a la Plaza Francia y me senté en un banco a ver los autos pasar. Traté de serenar la mente y solo lograba pensar una cosa: yo sabía que podría intentarlo; tal vez no iba a cambiar el curso del país, pero sí la vida de algunas personas.

Esa noche llegué a casa tarde. ¿Ya decidiste?, me preguntó Ana apenas entré. Me quedé mirándola en silencio y se me dibujó una sonrisa. "Era obvio", me dijo mientras me abrazaba. "Como decía tu bisabuela, ahora me toca a mí parar la olla".

La oportunidad del talento digital

Mi tesis acerca de la oportunidad del talento digital es muy simple. Personas sin experiencia previa ni título universitario, pero con mucha motivación y potencial, pueden ser formadas y convertirse en programadores, analistas de marketing digital y ciencia de datos, así como otros perfiles digitales, y en menos de un año estar preparados para obtener un empleo de calidad en cualquier proyecto de desarrollo de software, tecnología digital y comercio electrónico, generando unos ingresos que triplican los de cualquier empleo de comercio.

¿Cuáles son los empleos más demandados? Programadores web full stack, Analistas de Marketing Digital,

Analistas de Ciencias de Datos, Diseñadores Web, Especialistas en Soporte Técnico, Administradores de Redes Sociales, Técnicos de Reparación de PCs y Operadores de Cableado de Fibra Óptica.

En un país con un alto porcentaje de jóvenes en la pobreza, resulta imperdonable dejar pasar esta oportunidad: los jóvenes y niños argentinos deben acceder al mundo digital, conocer las oportunidades que ofrece y tomar una posición de liderazgo. Es necesario generar oportunidades de prácticas laborales para los nuevos talentos digitales, impulsar los startups y el emprendedurismo tecnológico y quitarse el miedo a meterse de lleno en el futuro.

Escribí este libro para mostrar en una forma práctica cómo el cambio es posible, cómo la tecnología no muerde y cómo personas simples, con historias comunes, lograron dar un vuelco extraordinario a sus vidas gracias a las carreras digitales y la tecnología.

En mi corta experiencia como subsecretario de Agenda Digital Argentina, cuando empecé a trabajar en el tema de Talento Digital me propuse hacerlo con el mayor impacto posible. Le propuse a María Inés Baqué, por entonces secretaria de Innovación y Tecnología, y a Andrés Ibarra, ministro de Modernización, firmar un manifiesto por el Talento Digital con las empresas del sector. La idea les gustó y salimos a buscar y a convencer empresas. La tarea tuvo su dificultad; siempre hay algunos que confían de entrada y otros que esperan a ver qué hace el resto, pero en poco menos de dos meses logré reunir a las empresas tecnológicas más importantes del país para la firma del manifiesto en la Casa Rosada junto al entonces presidente Mauricio Macri. Ese día, Marcos Galperín,

Martín Migoya, Alec Oxenford y los presidentes de cuarenta empresas de tecnología firmaron el manifiesto y Macri anunció el lanzamiento de diez mil becas para la formación de talentos digitales.

Convencer al Gobierno y a los empresarios era clave, pero faltaba lo más importante: acercar a los jóvenes. Lanzamos una convocatoria en redes sociales y me dediqué a organizar una serie de encuentros que llamamos "Tu Futuro Digital", reuniones con jóvenes interesados en el mundo de la tecnología y líderes del ecosistema digital, en los que de forma muy transparente hablábamos de las oportunidades laborales que ofrecía el mundo de lo digital.

Durante el mes siguiente se realizaron más de treinta encuentros, cada uno con la asistencia de entre cien y doscientos jóvenes. Muchas veces los salones se colmaban, y los chicos y chicas se sentaban en el piso mientras nosotros tratábamos de que nadie se perdiera la charla. Al terminar les dábamos información de cómo aplicar a las becas de formación y muchas veces yo me quedaba charlando con algún joven que me contaba su historia y me pedía un consejo, que siempre terminaba por ser el mismo: animate a lo digital.

Un día, a la salida de una charla, me hablaron de un chico que era policía y que había aprendido a programar y que así había logrado iniciar una carrera en tecnología. La historia me interesó y conseguí su contacto, lo llamé para que me contara cómo lo había logrado y empecé a utilizarlo como ejemplo en las charlas. Al notar que con esa historia lograba captar la atención de los jóvenes mucho más rápido, pensé en buscar otras historias y así se me ocurrió la idea de escribir un libro simple, tan solo con las biografías de personas comunes que, gracias a la tecnología, lograron dar a sus vidas un giro espectacular.

La primera parte de este libro surge de mi esfuerzo por transmitir ocho historias de vida reales, difíciles, en las que la tecnología abrió oportunidades maravillosas. Son relatos de historias con finales felices pero con recorridos complejos, con mucho esfuerzo y sufrimiento, y fundamentalmente llenas de esperanza e ilusión por tener una vida mejor.

Y como muchos de los que me ayudaron a conseguir las historias son ellos mismos referentes del mundo de la tecnología, pensé en un segundo momento también incluir la visión de ellos. La segunda parte de este libro es una colección de entrevistas a estos referentes, donde ellos explican el tamaño de la oportunidad que lo digital abre para el empleo en América Latina y por qué los jóvenes (de edad y de espíritu) deberían orientarse a la tecnología.

Tanto los relatos como las entrevistas demuestran que los cambios son posibles, que las carreras digitales son una oportunidad abierta para todos, y que nunca, aunque duela, hay que dejar de buscar un futuro mejor.

PARTE I

La primera parte de este libro está compuesta por ocho historias de personas comunes que dieron un giro extraordinario a sus vidas gracias a la tecnología. Llegué a cada una de ellas de una forma particular y por eso antes de relatar cada historia voy a detenerme a contarles cómo fue que las encontré.

Las escribí como si fueran ficción, pero aunque resulten increíbles todos los detalles son por completo reales.

1. Nicolás

La historia de Nicolás fue la primera que escribí y eso la hace especial. Además, como ya conté, fue el relato de esta historia el que me dio la idea de escribir el libro. La idea de un policía que lograba introducirse en el mundo tech era poderosa en sí misma, y mucho más cuando él se habría convertido en un experto en ciberseguridad. La realidad superó mi expectativa cuando conocí a Nicolás en un bar de Parque Patricios, cerca de la oficina donde él trabajaba. La historia era emocionante y yo, que no podía parar de hacerle preguntas, perdí la noción del tiempo y luego de varios cortados y cocas light, me di cuenta de que habían pasado tres horas cuando el propio Nicolás me dijo que debía irse. Cuando salí de ese café me di cuenta de que tenía que escribir este libro, que muchas personas debían conocer esta historia y otras similares, que lo único que yo debía hacer era darlas a conocer, porque las historias en sí mismas tenían la fuerza de ese empujón que muchos necesitan para animarse a lo digital.

"Veinte minutos"

Nicolás volvió a leer una vez más el tweet antes de publicarlo. Sabía que sonaba a derrota, lo que no era bien percibido por la gente de Recursos Humanos, pero en todo caso eran los mismos que no le contestaban los emails... y además era lo que sentía, así que pensó: que se pudra todo, lo voy a mandar.

Bastante agotado después de terminar el primero de los tres días de re-entrenamiento de campo para avanzar a su tercer año en la policía local de Ituzaingó, sentía miedo de no poder escapar de ese destino. A las 23.34 h mandó el tweet, le dio un beso de buenas noches a Micaela, su novia con la que convivía en la casa que él había construido sobre el garage de la vivienda familiar, y entró a ducharse. Lo del sueño que persigo hace años podía sonar a frase hecha, pero era cien por ciento real. Todos en la familia lo sabían: desde sus nueve años, Nicolás solo hablaba de cómo en algún futuro él trabajaría con computadoras. Daniel, su papá, durante años guardó la secreta esperanza de que pasar los sábados en el taller de chapa y pintura fuera estímulo suficiente para que Nicolás, su hijo, al fin cambiara de planes y continuase con el oficio: de hacerlo heredaría el taller y algunos clientes, o mejor, los dos juntos podrían trabajar en forma independiente en el garage de la casa. Pero diez años de sábados entre capots y paragolpes no quitaron ni un poco de nitidez a la imagen que Nicolás veía de sí mismo en pleno trabajo con la tecnología. Por eso el primer regalo importante de su vida no fue un juguete sino la computadora que, luego de mucho pedirla, a sus nueve años le regaló su papá con ahorros del trabajo en el taller de la calle Warnes, que por esa época andaba bien. Y fue aquella la única compu que le regalaron, porque la siguiente la construyó él mismo a los dieciséis, con algunos ahorros de los sábados en el taller –ya que a partir de los quince años, su papá le pagaba algo– y con los sobrantes de hardware que, en forma de remuneración, le enviaba un argentino que vivía en Barcelona y para quien Nicolás buscaba todos los días contenido de tecnología a ser luego publicado en un blog. Es como ser un chapista de computadoras, pensaba Nicolás.

El primer trabajo pago en dinero y no en especias lo consiguió a sus diecisiete años. Aunque en su currículum luego lo llamó marketing online, la realidad era mucho menos glamorosa: el marketing consistía en ayudar a un profesor a vender sus clases particulares de matemática, publicándole avisos en casi todos lados, y de online no tenía mucho porque el trabajo implicaba viajar de Ituzaingó a Congreso todos los días de la semana para pasar allí solo tres horas por día, de nueve de la mañana hasta las doce. Luego iba a la escuela técnica de una de la tarde a diez de la noche.

Después de dos años, y aunque los negocios del profesor de matemáticas crecían sin mayores límites que las horas de clase que entraban en un día, Nicolás decidió que al terminar el secundario técnico buscaría un trabajo que le permitiera independizarse, primero porque la economía de la casa iba cada vez peor, y segundo para poder darle uso al famoso garage, hacerse una casa arriba y poder irse a vivir allí con su novia. Cuando cursaba el ingreso a la Facultad de Ingeniería de la Universidad de La Matanza, mientras pensaba que esperar seis años para poder tener finalmente un trabajo real no era buen plan, una tarde de noviembre de 2015 su mamá le trajo unos folletos que anunciaban la contratación de personas para la recientemente creada policía municipal. ¿Por qué no?, pensó Nicolás. Después de todo era un trabajo en serio y ya estaba cansado de vender clases particulares y estudiar para ser ingeniero y poder programar un siglo después.

El entrenamiento inicial, que duró siete meses, fue agobiante, y aunque cada semana muchos abandonaban, Nicolás se mantenía firme con una visión en mente: era necesario ser policía para tener un ingreso, para hacer la casa arriba del garage, también para ayudar a su mamá, luego para poder estudiar tecnología, y al fin ser programador. Era un plan de carrera no convencional, y un argumento que luego no convencería a muchos pero que para él alcanzaba como impulso y le permitiría primero soportar las pruebas del curso de ingreso, después hacer su mejor esfuerzo como policía, y además, a pesar del cansancio, tomarse una hora cada día, ya de regreso en la casa, para mirar videos de programación y hacer cursos gratis, de Java, de Phyton, de hardware, para seguir gente en las redes sociales, siempre con la idea de aprender las bases, porque todos los expertos que Nicolás veía en YouTube decían que si uno aprende a programar después puede hacerlo con cualquier lenguaje.

El primer mes en la Fuerza fue el más liviano: recorrer con el patrullero como prevención, circulando; al segundo mes llegaron las radios y había más trabajo. Primero lo asignaron al turno mañana, y un par de meses después al de la tarde. Nada complicado, prevenir entre vecinos peleas que podían escalar un poco, sacar de tal plaza a los muchachos que se drogaban, un accidente de tránsito, un control, ningún muerto, ni tiros, ni nada.

Como Nicolás era muy responsable pronto lo ascendieron a jefe de Logística y luego lo pasaron a ayudante de guardia en el turno noche. Esto último implicaba entrar a las ocho de la noche y trabajar doce horas seguidas, para luego tener treinta y seis horas de descanso. El puesto tenía algo de oficina y algo de patrullaje, y para Nicolás era una buena oportunidad para dar el paso siguiente: volvería a la universidad pero esta vez a la UTN para estudiar la tecnicatura en programación, una carrera de solo dos años. Lo duro era presentarse en la UTN a las ocho de la mañana sin haber dormido y llegar hasta el mediodía. Si las clases no estaban buenas sus apuntes después de las diez de la mañana eran ya puras líneas rectas...

Con su presente de policía y encaminado ya su futuro de programador, Nicolás volvió a ser feliz. Como no dejaba de hacer las cosas bien, lo ascendieron a jefe de guardia, algo de mayor responsabilidad porque debía coordinar el trabajo de varios patrulleros, avisar lo que pasaba, informar a la base, armar algún movimiento. Ahí la cosa empezó a ponerse más movida: algunas persecuciones, y un par de veces hasta debió saltar por los techos. Todo bajo control, con una rutina establecida a base del apego a las normas de seguridad, los horarios y procedimientos.

Solo una vez tuvo miedo. Una noche, alrededor de la una de la mañana, los vecinos habían llamado porque una pareja que vivía a un costado de la base, frente a la plaza, peleaba con los muchachos de enfrente, pasados de alcohol.

Nicolás y su compañero hablaron con ambas partes, acordaron que los muchachos se retirarían y la pareja, que estaba algo drogada, volvería a la casa. Pero sucedió que a eso de las cinco de la mañana empezaron a escucharse gritos más fuertes. Ellos llegaron rápido con el patrullero y una vez más intentaron el diálogo, pero ahora la pareja estaba demasiado drogada. Su compañero hablaba con el muchacho y Nicolás con la chica, pero no había forma de calmarlos. Nicolás se acercó a ella un poco más: era tan solo una chica de veinte años muy alterada, bonita pero ya perdida. Quedate tranquila, dale, volvé a tratar de dormir un poco que ya es tarde. Ella necesitó solo un instante para sacar de la calza una cuchilla de cuarenta centímetros y arremeter contra Nicolás. Para él las voces se apagaron y solo quedó el brillo del metal que vio demasiado cerca de su rostro. Un reflejo milagroso lo ayudó a esquivarlo y, al caer, logró tirar a la joven al piso y patear la cuchilla para el otro lado. Esa noche tanto él como su compañero debieron hacer los papeles e iniciar el sumario para reportar el incidente en el que Nicolás casi pierde la vida o al menos la cara. Abandonaron la comisaría mucho más tarde de lo habitual, a eso de las diez de la mañana. La pareja se había retirado media hora antes.

Aunque Nicolás nunca mencionaba estas situaciones, cada dificultad que había sorteado cargaba de angustia el tweet que acababa de mandar. El esfuerzo para ser un buen policía, para poder estudiar, para luego ser programador, todo parecía invisible para quienes no se dignaban a darle ni la menor oportunidad. Luego de una ducha larga y reparadora ya se sentía un poco mejor. Mientras se secaba buscó el celular para ver si alguien había visto su tweet.

¡1.500 retweets! Nicolás, por la sorpresa, casi soltó el celular.

El tiempo necesario para que una vida cambie por completo son veinte minutos. Medio desnudo y tropezando en la oscuridad, salió del baño y despertó a Micaela.

—Mica, creo que me hice famoso...

Y ahí mismo comprendió que la visión que tenía desde sus nueve años en serio iba a suceder, que no llegaría a jubilarse de policía, porque iba a ser programador. Nicolás, el pibe de Ituzaingó que, a los dieciséis años, cuando pudo pedir un regalo, paseando por la calle Corrientes eligió un libro usado de Bill Gates, en verdad iba a poder vivir de la tecnología.

Esa noche no durmió. Respondió cada tweet, actualizó su currículum, que había abandonado después de miles de intentos fallidos, a veces diciendo que era policía, a veces ocultándolo, a veces con una foto, a veces sin foto, a veces con una foto sonriente, todas estrategias que nunca funcionaban. Y ahora le pedían que mandara sus datos, que iban a entrevistarlo, que querían saber de él, le pedían consejo, le daban consejo, lo alentaban, le escribían los propios dueños de pequeñas empresas de tecnología, y los gerentes y directores de las grandes, de IBM, de Accenture, de Globant, de Mercado Libre, de Despegar...

Sin dormir fue al segundo día de entrenamiento físico intensivo, solo en pie por fuerza de voluntad. En los dos meses siguientes empezó sesenta procesos de selección en empresas. Eran tantas entrevistas que debió organizarse en el calendar para agendarlas: escribía lo que le decían en cada empresa y trataba de que las entrevistas no se superpusieran, todo un desafío en sí mismo.

Primero le escribió Sebastián, el joven CEO de VU Security, un startup de ciberseguridad que crecía a pasos acelerados y de donde ya lo habían contactado un par de meses antes. Fue muy macanudo, pero luego el proceso de selección quedó en mute y Nicolás aún no entendía los extraños plazos de las empresas para tomar decisiones sobre las personas. La primera entrevista presencial fue en RedBee, una empresa también joven y con una oficina tipo co-work, un espacio descontracturado, con juegos y sillones tipo puf, muy diferente de la base que se caía a pedazos. Se fue de allí con un proyecto de ocho horas como tarea para el hogar, prueba que debía superar para continuar con el proceso.

Pero por otra parte tenía mil entrevistas que realizar, además de su trabajo como policía. No importa, voy a poder con todo, es ahora o nunca, se decía. Durante semanas durmió dos o tres horas por día, las entrevistas continuaban: Lagash, Onapsis, Auravant, Mercado Libre,

Accenture, Globant, Despegar, Workia, Cencosud, y hasta el Municipio de Morón y el INDEC. A veces las entrevistas eran grupales, tipo assessment centre; otras veces eran procesos online seguidos de entrevistas individuales. Al mes, Nicolás ya se sentía cómodo en los procesos de selección: sabía qué contestar, cómo presentarse y cómo hablar. A la mayoría de las entrevistas iba vestido con jean y con la remera negra de StarWars, porque según Micaela tenía onda y además era la más nueva. Al mes lo llamaron de VU Security y le dijeron que estaba todo bien con su proceso, pero que no lo habían llamado porque en ese momento no había puestos vacantes de programador –lo que él quería– pero sí podían ofrecerle un puesto de soporte de infraestructura, donde aprendería de los productos para luego, cuando ya tuviera más background en tecnología, pasar a un equipo de programación. Pero ahora Nicolás tenía opciones, de manera que les dijo que no, que gracias pero, que por el momento antes de decidirse debería continuar con otros procesos de entrevistas, que si bien le encantaba la empresa lo que él quería era programar. Quedaron en reformular la propuesta y volver a contactarlo. En paralelo había avanzado bastante en IBM, y llegó el día de la entrevista grupal en el edificio corporativo de Catalinas. Todos súper elegantes pero con un toque tech, dando con el estilo que aceptan las corporaciones cuando pretenden descontracturar; los chicos con remera y saco, las chicas arregladas con simpleza, con jean pero con zapatos de taco y siempre perfumadas. Él, una vez más con la de StarWars, no podía evitar sentirse ajeno. Para empezar todos debían presentarse en inglés y el primero era uno que venía de pasar su adolescencia en Estados Unidos así que, según lo que Nicolás podía evaluar, hablaba como nativo; siguió una chica que venía de hacer un intercambio de un año en Rusia; luego otro que, porque su padre era del cuerpo diplomático, había vivido en mil países. Al fin, Nicolás, el policía que quería ser programador, se presentó de acuerdo al texto que había memorizado con la ayuda de unos tutoriales de YouTube. No quedo ni a palos, pensó al salir del edificio de la calle Ingeniero Butty. Por lo general, se habría preocupado, pero con tantas alternativas por delante decidió olvidarse de IBM y seguir. Una búsqueda que estaba avanzada era la de Lagash, donde le ofrecían formarse durante seis meses en lo que ellos llamaban Lagash University, y aunque durante esos meses no le pagarían un sueldo completo, sí le darían algo así como medio sueldo solo por aprender, por lo que la oferta era tentadora. Él necesitaba la plata para seguir pagando el crédito con el que había construido su departamento de arriba del garage, y entonces la variable del sueldo era importante. Como los de Lagash le pedían una definición, les dijo que sí pero aclaró que haría el training mientas mantenía su empleo como policía y que solo renunciaría al empezar el trabajo real. Además, les advirtió que esperaba respuesta de otra empresa que le ofrecía trabajo directo –VU Security– y que si eso se daba, se bajaría de la búsqueda. Aun con esas condiciones, lo aceptaron.

Al día siguiente llegó un email de IBM para confirmarle que había sido seleccionado y para enviarle un contrato con una oferta económica para desempeñarse como programador en la torre Catalinas, junto a aquellos chicos elegantes y chicas perfumadas. Siguiendo una corazonada, Nicolás le mandó un WhatsApp a Sebastián, de VU Security, para hacerle saber que tenía una oferta de Lagash y otra de IBM.

—Nosotros aún somos un grupo chico; es decisión tuya formar parte de una empresa donde vas a tener voz y voto, o irte a una donde vas a ser un número —le dijo un Sebastián nada falto de reflejos.

Nicolás, que ya había aprendido en la Policía lo que era ser un número, llamó a Lagash para bajarse y mandó un email para agradecer a IBM.

"Esto es una locura", pensó. "Yo diciéndole que no a IBM".

Al mes siguiente se despidió de la policía para siempre y empezó su trabajo como analista de soporte de infraestructura en VU Security. En ese puesto terminó por conocer los productos y el funcionamiento de la empresa, y de a poco fue involucrándose en proyectos donde podía programar algo. Con el tiempo terminaron por darle más responsabilidad de programación, y al año se cumplió su sueño cuando logró su nombramiento oficial como software developer, acompañado de un aumento salarial del 50%.

Entrevisté a Nicolás en un bar de Parque Patricios, charlamos durante tres horas que a mí se me pasaron volando, me contó toda su historia, me mostró los mil quinientos tweets, y mientras pasaban los minutos crecía mi admiración por este muchacho de veinticinco años al que debí preguntarle tres veces cómo era él, porque siempre me respondía lo mismo: soy un pibe normal. Orgulloso, me explicó que ya había logrado tener un producto casi por completo a su cargo: un generador de segundo factor para utilizar en los celulares que expiraba por tiempo. Él lideraba el producto con la supervisión de un gerente sénior y ya tenía un grupo de chicos nuevos a los que debía enseñarles lo necesario. Dijo que el trabajo era divertido, en especial cuando sus compañeros dejaban de hablar de cosas cotidianas –que a él le aburrían– y hablaban de programación, del negocio o de cómo crecer en la carrera, los temas que en verdad le interesaban.

No pude irme sin preguntarle por su futuro: me contó que quería volver a la facultad para terminar las cuatro materias que le quedaban, que luego empezaría a estudiar inglés para no tener que memorizar textos como en la entrevista de IBM, y que el plan era estudiar ingeniería en informática o la licenciatura en ciencia física en la UBA, que también planeaba estudiar astrofísica para entender cómo son las estrellas, ya que hacía poco había conocido a un referente local de la física que lo dejó fascinado por todo lo que podría aprender en ese campo. No tengo idea de cómo lo hará, pero seguro que habrá sido mucho más difícil pasar de chapista a policía, y luego, como policía, superar en entrevistas grupales a los hijos de los diplomáticos.

—En la empresa me felicitan todo el tiempo pero a mí no me alcanza; yo quiero lograr algo que tenga un impacto mayor —me dijo Nicolás antes de que nos despidiéramos con un abrazo.

Mientras él se preparaba para subir a su moto y volver a Ituzaingó, yo fui caminando a buscar mi auto, mientras me preguntaba cuántos de los cientos de altos ejecutivos que conocí en mis veinte años de carrera internacional llegarían a tener al menos la cuarta parte del empuje de este chico. El éxito, es, también, una decisión.

2. Graciela

Unos meses antes de empezar a trabajar en el Gobierno Nacional me habían convocado como orador para un congreso organizado por el diario Los Andes, en Mendoza. Julián y Natalia de Diego, famosos abogados laboralistas y amigos, me invitaron a compartir mi experiencia en transformación digital y metodologías ágiles. Viajamos a Mendoza por el día con un grupo de ocho o nueve colegas, algunos de ellos habituales speakers en congresos. Mi caso era distinto: solo había aceptado por la relación con los De Diego y, porque, en un intervalo entre mi trabajo en Philip Morris y el Gobierno, tenía tiempo.

En determinado momento abrieron un panel e invitaron al escenario a Graciela, maestra rural mendocina, alguien que había debido sortear miles de desafíos para crear una escuela que terminó por ser reconocida por Microsoft como una de las veinte más innovadoras del mundo. Yo, que desde hacía varios años colaboraba ad honorem *con el Gobierno y ya tenía la idea de dedicarme a eso full time, quedé impresionado al escucharla. Sentí que el tema del que yo iba a hablar (la transformación digital en las empresas) era por completo irrelevante al lado de la historia de Graciela. Su fuerza, su coraje… Aunque los congresos de por sí me aburren, ella resultó para mí una verdadera fuente de energía y no pude evitar emocionarme.*

En el salón había cerca de mil personas, así que me tomó un tiempo encontrarla sola, pero ni bien lo logré me acerqué y le dije que era la persona más importante del congreso y si podía tomarse una selfie conmigo y darme su número de celular, ya que aunque yo no sabía cómo, quería ayudarla, o al menos aprender de ella. Divertida, aceptó ambas cosas y a partir de entonces quedamos en contacto.

Unos meses después, ya desde el Gobierno Nacional, la cité en Buenos Aires para ver cómo ayudarla y, para mi sorpresa, ella me respondió que la dejáramos tranquila, ya que por su parte, ella lograba más que los gobiernos. Eso no lo entendí sino hasta pasado un tiempo, cuando pude comprobar que Graciela tenía razón.

Al fin, cuando comencé a escribir estos relatos volví a llamarla y ella, llena de entusiasmo, aceptó contar su recorrido. Su historia merece ser leída una y varias veces. Yo, cada vez que lo hago, me emociono como cuando, en aquel congreso, la escuché por primera vez.

"Veinticinco manos arriba"

Con el uniforme nuevo impecable, en el patio del colegio al que acababa de ingresar, a sus diez años Graciela conoció la discriminación. Sus papás se habían divorciado y, como eso no era bien visto en la Mendoza de los años 70 –y mucho menos en Guaymallén donde ellos vivían–, Marta, su mamá, decidió compensar la situación al darles la mejor educación posible y así cambió a Graciela y a sus dos hermanas a un colegio privado y católico para mujeres. Allí la diversidad no era bienvenida y las compañeras se encargaban de aislar a las tres hermanas, hijas de padres separados.

"Son unas tontas", pensaba Graciela, "voy a fundar una escuela para que esto no le pase a ningún otro chico nunca más", y aunque esa podía ser solo una idea en la cabeza de una niña herida, también hay huracanes que empiezan con una brisa leve. Y desde ya les digo que Graciela es un verdadero huracán.

A los diecinueve, ya en segundo año del profesorado, Graciela comenzó su residencia como maestra y pronto llegó el día de la primera práctica con alumnos.

Se preparó como siempre, con todo. Su primera clase iba a ser especial, inolvidable: planeó llevar a los niños al cuartel de bomberos del pueblo. Esa noche no durmió, ocupada en hacer disfraces de bombero para todos, en preparar un texto especial, fotocopiar un cuento con imágenes para cada uno, diseñar una actividad para el regreso. Pero cuando llegó a la escuela con todo preparado, la directora le dijo:

—Graciela, no podés sacar los niños así nomás, faltan las autorizaciones de los padres.

Graciela le dijo que no importaba, que lo resolvía en diez minutos, que llamaría a todos.

—Aun así, Graciela, te falta elevar un pedido a las autoridades de educación del municipio —le dijo ya molesta la directora.

—¡¿Para ir al cuartel de bomberos?!

Con un portazo, Graciela abandonó el despacho de la directora, tomó sus cosas y se fue de la escuela, y con eso, del sistema educativo formal.

"No puedo perder más tiempo", pensó entonces. "Voy a terminar el profesorado y fundar mi propia escuela". Pero claro, tenía diecinueve años, era estudiante y no tenía ni un peso. Debía pensar un plan. Se anotó en un curso de mercadeo para analizar los mejores negocios, los que dejen más fondos y con menos costo de entrada. Y resulta que de la investigación con el flamante método de mercadeo surgió que el negocio más rentable era el de las verdulerías, así que con un plan de negocios prolijamente escrito se presentó ante su mamá y a un tío que tenía algo de plata. Entre los dos, medio aturdidos por la determinación y elocuencia de Graciela, terminaron por prestarle unos pesos con los que ella, convencida, compró el fondo de comercio de una verdulería a dos cuadras de su casa.

El negocio estaba en pleno declive, y lo primero que hizo Graciela, como buena aspirante a maestra, fue adornar el local con cartulinas de colores y decorados que, aunque parecían más de un aula que de un comercio, terminaron por atraer a los clientes. Además comenzó a ir a la feria todas las mañanas a primerísima hora y se hizo amiga de los vendedores, quienes al poco tiempo le reservaban la mejor mercadería, que ella luego disponía con el mayor cuidado estético en cajas forradas con papeles de colores: una verdulería onda boutique.

Así pasó el último año del profesorado, entre las verduras y los libros, ahorrando cada peso que entraba y con la ayuda de las vecinas, que le traían cafecito para que pudiera estudiar por la tarde, mientras casi no había actividad en la verdulería. Ese año Graciela llegó a ahorrar trece mil dólares, suficientes para alquilar la casa donde funcionaría un jardín escolar.

Y ese mismo verano Graciela formó un equipo con sus amigas del profesorado y entre todas armaron el jardín: diseñaron los materiales didácticos, pintaron las aulas y el patio, crearon juegos, hicieron los uniformes. Y así, a sus veinte años, tal como se lo había propuesto una triste tarde de otoño en el patio del colegio, Graciela fundó su escuela.

Los dos años siguientes pasaron rápido: los chicos crecieron, y los padres, entusiasmados por el moderno proyecto educativo que se planteaba, le pidieron que abriera el primer grado de la primaria.

Graciela empezó a hacer los papeles para fundar entonces el colegio primario, pero las autoridades municipales, aunque impresionadas por su empuje, no podían darle ese permiso a una joven de veintiún años.

—Graciela, yo te autorizo la escuela, pero vas a tener que conseguir una escuela privada con años de trayectoria que te avale —le dijo el director municipal, comprensivo y con una mezcla de intenciones de ayudarla y de que no lo torture más. Graciela se puso entonces a buscar escuelas: fue primero a las católicas, ya que las conocía mejor, pero una tras una se negaron. Entonces, con un pragmatismo a prueba de balas y a pesar de que sus alumnos eran principalmente católicos, decidió seguir por las de otras religiones, y así encontró la primera escuela que le abrió las puertas: la escuela evangélica Pablo Besón. Se alió con ellos y en 1992 fundó su escuela primaria.

"La mía será una escuela moderna y la tecnología es lo que se viene", pensó. Desde su apertura la escuela tuvo un aula con cinco computadoras y Graciela empezó a usar DOS para mandar notas a los padres y hacer los listados de alumnos.

Tres años después, en 1995, el barrio se revolucionó con la llegada de un ciber café en la esquina de la escuela. Dos grandes piernas de mujer abiertas daban lugar, en medio, a una pequeña puerta rosada por la que se accedía al local. Toda una revolución, no solo por la dudosa estética del local sino porque por la ubicación era el punto focal de los adolescentes, que al salir de las escuelas, todas ubicadas allí cerca, se reunían en el ciber todas las tardes.

Aunque le revolvía el estómago ver las piernas abiertas en la esquina, a las dos semanas Graciela no pudo resistirse y entró al local. Medio en las penumbras y tosiendo por el humo de cigarrillo, ella sola entre todos los chicos, empezó a navegar por eso que llamaban internet, mientras observaba que los adolescentes se mandaban mensajes entre sí por chat, para luego anunciarlos a los gritos, y más tarde quedar atrapados explorando sitios web, todos fascinados con aquel nuevo mundo. "Así debería ser la escuela", pensó Graciela.

—Chicas: hoy, después de clase ¡todas al ciber! —anunció al día siguiente, para sorpresa de las maestras que aún pensaban que lo de la esquina era un antro que más temprano que tarde pasaría de moda.

—Nosotras tenemos que ir donde van los chicos y no al revés —explicó Graciela.

A la semana siguiente fue a la oficina de Telefónica de Mendoza y pidió hablar con el *responsable de internet*, ya que ella imaginaba que este tema que la tenía fascinada debería tener un responsable y así debería llamarse su puesto. Los empleados la miraron con cara de no entender y por su insistencia al final logró llegar a la oficina del gerente.

—Mire, quiero abrir un ciber en mi escuela. Ustedes ya tienen los cables de internet en la esquina así que tanto no les debería costar —explicó Graciela con tono convincente.

Con una risa socarrona el gerente explicó que eso era imposible, que ella no entendía, que era muy caro, que ella era una directora de escuela, que estos negocios eran para otra cosa, que mejor se olvidara del asunto.

Entonces Graciela, cada vez más convencida de la genialidad de su idea, fue a hablar con Sergio, el dueño del ciber de las piernas de mujer.

—Debes estar pagando un montón y los chicos no te consumen nada. Dale. ¿Qué te parece si me pasás un cable y compartimos internet y vamos y vamos con los gastos? —le sugirió.

El hombre aceptó y el fin de semana siguiente, junto con Graciela y el marido de ella, Carlos, pasaron los cables por las terrazas de las casas vecinas, pidiendo permiso y dando explicaciones en cada casa salvo en una donde parecía que los dueños no estaban: por ahí pasaron sin permiso y luego pidieron disculpas.

El negocio compartido funcionaba mejor para ambas partes. Graciela conectó a internet las diez computadoras que tenía en un aula y ya casi amiga de Sergio pudo convencerlo de sacar las piernas de la entrada de su local.

Ya con el ciber dentro de la escuela, Graciela empezó a decirle a los chicos que no fueran tanto al local de Sergio, que a pesar de que ya no tenía las piernas aquellas, no era un buen ambiente para los adolescentes. Como compensación les ofreció navegar en internet en la escuela, todas las tardes.

El tema tomaba tracción, pero los chicos, que en el colegio ya sumaban ciento treinta, se entusiasmaban y debían turnarse para usar las diez computadoras. Por esos días Graciela leyó un documento de la Unesco que decía que para el año 2010 los chicos deberían tener plenas habilidades digitales desde la escuela. "Nosotros no llegamos ni de casualidad", pensó Graciela. "Necesitamos una compu por chico".

Ansiosa, empezó a hablar con todos sus amigos para ver cómo conseguir, sin plata, computadoras. Al fin un amigo le dio el dato de unos remates solidarios en Estados Unidos, y ella pudo encontrar un banco en New York que remataba treinta computadoras por un valor simbólico.

—Pero no creo que te las den sin un mango —le advirtió su amigo—. Mirá que en Estados Unidos no se fía como acá.

Graciela necesitaba un plan. Esa noche se quedó pensando y llegó a una conclusión: los únicos que tenían plata eran los alumnos de sexto grado, que habían ahorrado todo el año anterior y estaban listos para pagar el viaje de egresados.

—Ningún viaje de egresados —les dijo Graciela a las maestras, que se miraron entre sí y una vez más pensaron: "Se volvió loca".

Con determinación, Graciela logró convencer a los padres, que confiaron en ella y le dijeron que hablara con los chicos y que si los chicos lo aceptaban, ellos la acompañarían en el proyecto de reemplazar viaje por computadoras. Los padres firmaron un acta que dejaba claro que, si los chicos lo aceptaban, el dinero del viaje se utilizaría íntegramente para la compra de las treinta computadoras del remate solidario de un banco de New York.

Al día siguiente, una Graciela bastante nerviosa, junto con la maestra del curso, se reunió con los veinticinco chicos de sexto grado. Las otras maestras esperaban afuera, listas para contener a Graciela frente a la inevitable frustración.

—Levante la mano quien quiere cambiar el viaje por computadoras para el colegio —dijo Graciela luego de una larga explicación.

¡Veinticinco manos arriba!

La maestra debió sostenerla, porque Graciela casi se cae de la emoción. No pudo contener las lágrimas, no era por las compus sino porque sentía que se materializaba su proyecto, el de formar ciudadanos pensantes y de bien. Aquellos chicos de once años elegían un futuro mejor en lugar de la efímera diversión del ansiado viaje de egresados.

Al día siguiente citó a los padres y les anunció, orgullosa, la adhesión del cien por ciento de sus hijos, y como los fondos eran insuficientes, se hicieron rifas, tortas y ventas de empanadas hasta completar lo que hacía falta para la llegada de la tecnología a la escuela de Guaymallén.

Ya con el dinero, Graciela escribió un muy sentido email al banco de New York, la profesora de inglés lo tradujo y lo enviaron. La respuesta fue en perfecto español de un mexicano que trabajaba en el banco y que, emocionado con la historia, le prometió a Graciela que las computadoras llegarían. Tres meses después, y luego de que se abriera el paso fronterizo que permanecía cerrado por unas intensas nevadas, las compus llegaron a la aduana y allí se presentó Graciela con un amigo que tenía una fundación y se había ofrecido para hacer los trámites de la importación, ya que Graciela no tenía habilitación alguna para hacerlo.

—¿Son nuevas? —preguntó el despachante de aduana.

—Sí, claro, para nosotros son nuevas —dijo Graciela, que ya anticipaba el momento en que se abrieran las cajas.

Pero la cosa se complicó cuando al abrirlas se encontraron con que las computadoras eran usadas.

—Bueno, no importa, si pagamos impuestos de más quédenselos —sugirió Graciela.

—¡Es que pagaron de menos y es ilegal! —fue lo que dijo el oficial antes de meter presa a Graciela junto con su amigo de la fundación.

—Ellos me metieron presa, pero la escena que armé no se la olvidan más —le dijo Graciela a las chicas al volver a la escuela al día siguiente.

Ya con los impuestos debidamente pagados, las compus finalmente llegaron a la escuela y lo que siguió fueron unas semanas de mucho entusiasmo y exploración, de internet y de todo lo demás.

Pero a Graciela no le gusta hacer nada a medias y ella había ya leído que la verdadera interacción de las computadoras en la enseñanza se daba con pantallas electrónicas en vez de pizarrones y tizas. "¡Que genialidad!", pensó Graciela, mientras lanzaba, profesora de inglés mediante, ciento cincuenta emails a todas las ONGs y organismos internacionales que pudo conseguir en un listado que encontró en internet. Recibió unas setenta respuestas, todas del estilo nos encanta tu idea y te apoyamos en tu causa pero no podemos darte el dinero. Solo un email fue distinto, era de una ONG de mujeres lesbianas en Canadá, le ofrecían fondear los cinco mil dólares para la pantalla de un aula. "Qué tentación", pensó Graciela, "pero está mal, no puedo aceptarles el dinero y luego no decir que fueron ellas quien lo donaron". Les escribió agradeciéndoles pero explicando que los padres eran católicos y muy conservadores, que ella no se sentía cómoda si tomaba el dinero y luego no podía decir que era la comunidad LGBT quien lo proveía, porque eso no era justo para con ellas. Las chicas de Canadá, ya luego de unas semanas de intercambio de emails y explicaciones, le mandaron un sobre, con un cheque por cinco mil dólares y una carta que decía que no las nombrara, que ellas eran felices dándoles la plata sin más. Y así, con la asistencia técnica del profe de Computación y Sergio –el del ciber–, la escuela tuvo su primera pantalla electrónica conectada a las compus de los alumnos.

Las veinticinco computadoras usaban el software de Microsoft y Graciela, que siendo tan atrevida nunca dejó de ser muy ética, quería pagar las licencias correspondientes. Su preocupación era que los chicos, a quienes formaba como personas de bien, usaran un software *ile-*

gal. Así fue como en un congreso en Mendoza ella conoció a Mariana, que por ese entonces era gerenta de Asuntos Corporativos de Microsoft, la buscó, le contó el proyecto de los veinticinco chicos en un programa de alfabetización digital y la dejó impresionada, como hace Graciela siempre. Mariana le prometió que volverían a hablar pero pasaron semanas y Graciela, que no nació para esperar, empezó a perder la paciencia. Entonces comenzó a buscar online y a mandar emails a referentes de Argentina o de otros países para decirles que necesitaba los softwares oficiales, que quería formar ciudadanos de bien, que no podían seguir usando software truchos, que si podían hacerle un valor más barato ella pagaría inclusive de su bolsillo. Cansada de no recibir respuesta, o al menos no en sus tiempos, al mes consiguió el email del CEO global de Microsoft y decidió escribirle.

El que avisa no traiciona, fue el título del email, y copió a todos los que había estado enviando mensajes antes.

—Mandalo nomás —le dijo a la profe de Inglés—. Tal vez con esto reaccionan.

El mensaje le cayó simpático al CEO de Microsoft, que contestó copiando al presidente de la empresa en Argentina y le dijo que la ayudarían.

—Me hice famosa en Microsoft, chicas —anunció esa mañana Graciela en el salón de profes, sellando así el inicio de la relación entre la escuelita de Guaymallén y el gigante de la tecnología.

Y a medida que la conocían a ella, a las chicas y al proyecto, se iban maravillando al punto que ya al año siguiente, en 2005, Microsoft la propuso para concursar en un evento latinoamericano sobre mejores prácticas de educación. Con un jurado de la Unesco y todo, la votación se realizó en Guatemala. Allí viajó Graciela, por invitación de la empresa de Bill Gates. Sentada en una mesa lejos del escenario principal, Graciela miraba atónita a todos lados cuando la llamaron para entregarle el segundo premio en la categoría "proyecto colaborativo". Después de todo, pensó Graciela en ese instante, si esto algo es, es colaborativo, y mientras subía al escenario para recibirlo se le vinieron las caras de todos los que habían *colaborado*: las vecinas que le acercaban café en la verdulería, los hombres de la feria que la ayudaban con las mejores frutas, los padres que la animaron a abrir la primaria, los chicos de sexto grado, las madres que firmaron el acta para dar de baja el viaje de egresados, Sergio el del ciber, el mexicano del banco de New York, el amigo de la ONG que fue preso con ella, las lesbianas de Canadá, la lista era interminable. Agradeció y volvió con una sonrisa a su mesa. El presidente de Guatemala entregaba los primeros premios y todos los recibían con emoción hasta que llegó la categoría final: la del voto de los pares, es decir las maestras y maestros que habían ido a Guatemala a presentar sus proyectos educativos. Graciela casi se desmaya cuando gritaron su nombre. Con las piernas temblando subió corriendo al escenario y le dio un abrazo tan fuerte al presidente de Guatemala que provocó la sorpresa de los conductores y toda la audiencia. "¿Está bien, presidente?", fue la pregunta del conductor, para risa de todos.

A partir de ese momento, para su sorpresa, la fama la empezó a ayudar a recaudar fondos para la escuela.

—Chicas, hay que anotarse en todos los concursos —les anunció.

Microsoft había abierto una convocatoria para escuelas que estuvieran pensando un edificio inteligente para proyectos educativos. Graciela no lo dudó, llamó a un amigo arquitecto y le dijo:

—Nos presentamos.

Al tiempo vieron que competían con estructuras impresionantes y pensaron que el diseño de ellos, más simple y modesto, no tendría posibilidades, aunque decidieron no dejar de competir. Aunque no ganaron los fondos del concurso, fueron reconocidos por Microsoft como "escuela innovadora".

—No nos dan la plata pero vieron que acá en el fin del mundo también soñamos en grande —le explicó Graciela a las maestras.

Y ese reconocimiento les permitió a Graciela y su equipo viajar por todo el mundo conociendo otros proyectos educativos, asistiendo a foros y hablando con posibles donantes que Graciela siempre terminaba por conquistar con su particular encanto mezcla de irreverencia, picardía, madre y de maestra de escuela.

En sus viajes y con todas las personas que conocía, Graciela seguía buscando la posibilidad de pensar en un edificio nuevo, más cómodo y más moderno para poder darles a sus alumnos la educación que soñaba.

—Graciela, tenés la visita de un empresario —anunció la portera de la escuela una mañana de invierno. Era el presidente de una sociedad de garantía recíproca que había leído acerca del proyecto de Graciela en una nota que le habían hecho en el diario *Los Andes* y ahora quería ayudarla a comprar un colegio nuevo.

—Tengo miedo —le dijo Graciela a su marido esa noche—. Me parece que esto se trata de algo de corrupción. ¿Cómo es que viene alguien a darme la plata sin más?

Al día siguiente Graciela lo llamó y muy educada le

agradeció la oferta y le dijo que lo estudiaría. qué le decía de esta historia y entonces aprendió que las sociedades de garantías recíprocas no eran nada parecido al lavado de dinero que ella suponía, que eran perfectamente legales y que eran un mecanismo para fomentar el crecimiento de las pymes. Tan acostumbrada a hacer todo sola, no podía creer que ahora le llegaran ofertas reales de ayuda: llamó al presidente de la empresa en cuestión, se disculpó explicando sus temores, ambos se rieron y pronto se selló un acuerdo y Graciela consiguió el dinero para comprar un terreno para construir la nueva escuela. Comenzó una búsqueda incesante para conseguir un terreno con las condiciones necesarias y al precio que podían pagar, y la cosa no era fácil hasta una tarde, cuando ella iba a buscar a su hijo a lo de un amiguito y, para evitar el tráfico, se metió por unas calles que no frecuentaba. Llovía fuerte y el viento tiró un cartel justo delante de su auto, por lo que debió frenar de golpe para no chocar. Bajó a quitarlo del camino y ahí, toda mojada, sintió la presencia de Dios cuando leyó "Se vende" y, mirando al costado, vio el terreno de ocho mil metros cuadrados, perfecto para la escuela. Llamó ahí mismo, desde el auto y al día siguiente ya estaba en conversaciones con el dueño del terreno, quien esperó seis meses hasta que Graciela tuvo todos los papeles en orden y pudo comprarlo.

La escuela, que siguió funcionando en el edificio de siempre mientras se esperaba la llegada de los fondos para poder construir en el nuevo terreno, pronto alcanzó el número de mil doscientos alumnos que, pagando una cuota mensual muy accesible lograban contar con una educación de jornada simple en la que la tecnología estaba embebida en el propio proceso educativo.

—La tecnología es invisible —le explicaba Graciela a los padres—. La laptop es obvia; hoy estamos centrados en enseñar a los alumnos habilidades blandas, a validar conocimientos, a aprender a aprender.

Programación, robótica e inteligencia artificial eran ítems presentes en todo el recorrido de aprendizaje que Graciela ofrecía a los alumnos desde jardín hasta el último año de la secundaria, para egresar luego como bachilleres con orientación en informática, programación y robótica, y ser finalmente muy buscados por las empresas locales porque además de saber programar, sabían resolver problemas, sabían buscar y lo más importante: sabían pensar. Un buen porcentaje de los egresados, cercano al cuarenta por ciento, se convertían en emprendedores, mientras que uno de cada cinco que estudiaba en la universidad lo hacía en carreras afines a la tecnología. Además Graciela siempre que podía contaba orgullosa que la mitad de los que seguían con la tecnología eran chicas.

Con el terreno comprado y el proyecto del edificio nuevo ya en marcha, en 2018 llegó otra gran sorpresa: la escuela de Graciela fue reconocida por Microsoft una vez más, en esta oportunidad como una de las diecisiete escuelas "más innovadoras del mundo".

En esa ocasión, al volver de Buenos Aires, Graciela se reunió con las maestras. Les contó que con esta distinción y todo, los fondos para construir la escuela nueva aún no llegaban porque la situación económica del país se había complicado una vez más.

—No importa, chicas, porque de una forma u otra ya los conseguiremos —les explicó Graciela a las maestras. Salieron todas al patio.

—Vos quedate —le dijo Graciela a la profe de Inglés.

3. Guido

A Guido lo conocí a través de Nicolás, el expolicía devenido experto en ciberseguridad. Fue él quien me contó que en su empresa, VU Security, había un muchacho que, siendo fotógrafo, había descubierto su vocación por la tecnología casi de casualidad, mientras tomaba fotos para un evento de la empresa. Esa anécdota me resultó particularmente simpática y le pedí a Nicolás que nos pusiera en contacto.

A los pocos días, en un café de la zona de Almagro, me encontré con Guido. Guido es un chico tranquilo y respetuoso, con una base familiar sólida y una infancia de clase media acomodada, sin mayores problemas, parecida a la mía. Y si bien su historia no planteaba un cambio tan dramático como los de Nicolás (el policía) o Graciela (la maestra mendocina), de todas formas me resultaba particularmente interesante poder mostrar cómo cambiar siempre es difícil y, tal vez más aún cuando partís de un lugar donde las cosas no están tan mal.

Guido se cansó de estar perdido y se negó a satisfacerse con lo que podía alcanzar de forma fácil. Se animó a desafiar su destino, lo hizo a su manera y eso es algo con lo que muchos pueden identificarse y merece ser contado.

Fotógrafo al fin, Guido me contó su historia como una sucesión de imágenes y escenas listas para la edición final. Y yo decidí escribir el relato en tiempo presente para transmitir mejor la sensación de inmediatez con la que, aun siendo un chico reservado, él debió tomar, con mucha valentía, las decisiones que le dieron un giro completo a su vida.

"Primer plano"

"El cartel de la puerta no puede ser", pienso mientras ingreso al hotel Sheraton de Retiro para hacer la producción de fotos de otro evento que no me importa en lo más mínimo. "No busques más, ya sos una emprendedora Essen". ¿No busques más? Cómo puede ser esa la recomendación para un emprendedor… si justamente yo, que a mis veinticuatro años estoy harto de no encontrar mi vocación, tengo claro que si algo no voy dejar de hacer, es *buscar*.

Los encuentros de las revendedoras de ollas Essen son casi como una religión, con mujeres cantando, abrazándose, motivadas, emocionadas hasta el llanto, que se van siempre llenas de ilusión y con la promesa de volverse a ver en el próximo encuentro de buscarse en las fotos que son tomadas (por mí) y que están disponibles al día siguiente en el sitio web para las emprendedoras, que entonces sí deben buscar y muy bien para encontrar su retrato, porque son miles de mujeres.

Soy Guido, y mi breve historia laboral es así: al terminar el secundario, en Villa Pueyrredón, empecé el CBC de arquitectura en la UBA, no tanto por convicción sino más bien por descarte y porque los tests ocupacionales me remitían a esa profesión, y luego de un año de maquetas y trabajos realizados sin entusiasmo entendí que la cosa no iba por ahí. Junté coraje y hablé con mis padres. Yo era el único de los cuatro hermanos que estaba medio perdido y sin un plan, solo con la convicción de no querer gastar mis años de juventud estudiando cosas de difícil aplicación práctica. Entonces me metí en la carrera de imagen y sonido y al tiempo entendí que es básicamente cine, que probablemente nunca lograré hacer, con lo cual ahora también estoy pensando dejarla, y en paralelo Christian, un amigo con el que toco la guitarra, me llamó para cubrir eventos de video y foto, eventos mal pagados pero que me dieron la experiencia necesaria para contactarme con Mariano, un fotógrafo con mucha experiencia y con eventos importantes, con es con quien trabajo actualmente.

Sigo en la puerta del Sheraton de Retiro, voy a entrar cuando termine el cigarrillo.

Lo que me espera hoy es una buena parte de mi vida: eventos empresariales, congresos de pediatría, reuniones de equipos regionales de gerentes de tal empresa petrolera, un foro de diabetes, una presentación de un libro, un cóctel para despedir a tal autoridad, un día de la familia en tal empresa.

Los fines de semana hago *sociales*, como se llaman en la jerga. Casamientos, fiestas de cuarenta, *bar mitzvahs*, fiestas de quince, trabajos que empiezan el sábado a las cinco de la tarde con la preparación de los equipos y terminan a las cinco o seis de la mañana según el éxito y duración del evento. Registro todo: una buena foto de perfil, otra de frente, todos sonriendo, un detalle, alguien con la mirada perdida, un rayo de luz en un rostro, un gesto emocionado en el momento indicado. Fotos de otros y para otros. Yo, en muchas ocasiones, ausente de las miradas de los demás, siento como si de a ratos no existiera y mientras van pasando las horas de estar sin sentirme presente, no puedo evitar que el cansancio se mezcle con una sensación de vacío, pequeña al principio, la garganta un poco cerrada, algo de dificultad al respirar, luego una ansiedad por salir, por ir a algún lado a hacer algo, a hablar con alguien, y finalmente una sensación de desconcierto y tristeza.

Ser fotógrafo profesional se paga muy bien pero tiene esas contras, y además exige ser muy proactivo, una mezcla de trabajo emprendedor y changa… Hay que estar en permanente búsqueda de contactos. Los compañeros de la facu son mi principal fuente de nuevos trabajos.

A veces sale algo excepcional. Como un año atrás, cuando un profesor me presentó un pibe que luego me contactó por Facebook y me dijo que era de una productora del diario *La Nación* y que quería hacer un programa de entrevistas para el ciclo de verano de un nuevo proyecto que se llamaba LN+, el nuevo canal de noticias del diario *La Nación*. Empezó como algo de dos meses pero luego vieron mi responsabilidad y me contrataron *part time*. Eran cuatro o cinco entrevistas por día, cada una de unos veinte minutos y había charlas muy interesantes que yo, sin ser indiscreto, escuchaba atentamente. Recuerdo que luego de escuchar a Estanislao Bachrach hablar de cómo entender el cerebro y maximizar el propio potencial, me compré su libro. Nora Bär era la editora de la sección Ciencia y Salud de *La Nación* y, como su especialidad es el periodismo científico, siempre entrevistaba a grandes personalidades de la ciencia a quienes yo filmaba (y escuchaba) con atención. Diego Sehinkman hacía preguntas de una forma muy particular, tal vez por ser psicólogo, lo cual me resultaba interesante y por eso empecé a seguir con entusiasmo sus columnas de "Realismo trágico (en dos minutos)" en el suplemento "Enfoques" de los domingos en *La Nación*. Luego empezamos a filmar también el programa de Juan Micelli y el trabajo se volvió de día completo. Juan, especialmente simpático, se preocupaba por saludar y conversar con los que filman y los productores; yo me sentía parte de un equipo. Pero pronto terminó pasando lo que pasa en las empresas: alguien analizó los números y decidió llamar a una licitación, que fue ganada por una empresa más grande que manejaba mejor los costos que nosotros.

Así es como aterricé una vez más en la fotografía y volví a tener la sensación, ya conocida por mí, de estar avanzando en el camino errado. Estoy a punto de terminar la carrera y así ando: agarrando los trabajos que me llegan.

Verónica es una amiga de la facu, que siempre me pasa trabajos y su novio, Gianluca, trabaja en Mercado Libre y Verónica siempre me habla de lo copado que es ese mundo. Hoy cuando termine el trabajo con las vendedoras de Essen, investigaré en internet. Parece que hay carreras cortas, quizás no haga falta que empiece otra carrera universitaria para meterme en tecnología.

Estoy instalado en la casa de Baltazar, mi amigo de Francia que está trabajando un año en Buenos Aires pero, al irse de viaje al Sur me pidió que le cuidara la casa (y el gato). Vivir en esta casa me da un cambio de aire, necesario para pensar.

Alfonsina, mi compañera de la facu y novia desde hace dos años, me llama porque necesita ayuda para cubrir un evento de una empresa durante dos días.

—Por favor, Gordo, es un kick off de un proyecto nuevo, ya me comprometí pero solo puedo uno de los dos días así que necesito que me des una mano. Acepto solo por ayudarla.

Los eventos empresariales son todos iguales, todos los años lanzan algo, hacen un kick off, hablan de un nuevo producto, se entusiasman con proyecciones, revisan lo del año pasado, hacen el sándwich de las noticias: las buenas, las malas, las buenas, se felicitan entre ellos, se motivan, se abrazan, se termina el evento.

El hotel elegido para la reunión de la empresa es uno de la Avenida de Mayo. No lo conozco, y es raro porque con este trabajo ya pasé por todos los hoteles de esta ciudad. La cita es a las nueve de la mañana y llego puntual, vestido como siempre con camisa, pantalón y zapatos negros: el uniforme de fotógrafo, cero elegancia, pura discreción, podría decirse, al punto de fundirme con el fondo… como en una foto. Estoy en piloto automático, y me doy cuenta de que existo por el calor que hace y que no combina bien con el color de mi ropa.

Al entrar encuentro a todos en un salón vidriado que parece una gran pecera. Para no interrumpir espero a un costado, hasta que sale la chica del equipo de comunicación.

—Terminan esta parte que es importante y entramos —me dice.

Listo, perfecto, yo estoy siempre para lo "poco importante". Desde afuera alcanzo a ver el banner de la empresa: VU Ciberseguridad. Interesante, pienso, al fin una de tecnología.

—Soy Sebastián, el CEO de VU.

Un flaco que me abre la puerta de lo más amable, me pregunta cómo estoy y me ofrece un café. Por un instante estoy por decirle que soy el fotógrafo, porque creo que está confundiéndome con alguien, pero enseguida me dice:

—¿Vas a sacarnos buenas fotos?

"Hoy puede ser un día distinto", pienso, mientras él me sirve el café, con sonrisa y todo.

Empieza el evento con la gente de Cisco, otra empresa de tecnología que está invitada a la reunión. Hablan de temas que no entiendo pero que me interesan muchísimo más que mi trabajo actual. Esto se parece a las historias de Gianluca en Mercado Libre… tengo que concentrarme: estoy acá para sacar fotos, pienso, pero a la vez trato de prestar atención a lo que dicen.

Así pasa la mañana, llegado el mediodía, la chica de comunicación me avisa que nos vamos todos al edificio de Microsoft en la avenida Bouchard. Si bien en la puerta del hotel hay una combi preparada, al llegar afuera Sebastián dice que está lindo el día y propone ir caminando. Yo entiendo que esta puede ser mi oportunidad: propongo acompañarlos y hacerles tomas con el fondo de la ciudad y Sebastián acepta sonriente.

Ahora que ya saqué fotos en todos los ángulos posibles me las ingenio para caminar junto a Sebastián. Él no lo sabe, pero lo que quiero es pedirle trabajo en su empresa. Me da vergüenza, sí, pero no tengo nada que perder.

—Sebas, ¿puedo hacerte una pregunta? Tengo ganas

de aprender a programar y encarar para la parte de sistemas… ¿Vos podrías orientarme?

Silencio. Sigo hablando nervioso.

—No sé, tal vez puedas decirme qué tengo que estudiar, cómo pensar mi carrera…

Me interrumpe.

—Venite a trabajar conmigo y aprendés acá.

Me quedo helado.

—Sí, claro —le digo, porque no me sale nada más inteligente.

Seguimos charlando y empieza lo que parece una entrevista: Sebastián me pregunta de todo y le contesto con sinceridad: no sé nada de tecnología, lo que tengo son ganas. En un momento él empieza a hablarme en inglés. Lo miro y no es un chiste; se ve que quiere saber si hablo. Mi inglés es algo básico pero me las ingenio para contestar y hablamos un rato; él tampoco es completamente bilingüe así que me relajo.

Seguimos caminando, cuando estamos por llegar a las oficinas de Microsoft, Sebastián se da vuelta y llama a Nicolás, el jefe de soporte técnico.

—Nico, vení, te presento a Guido, que el lunes empieza a trabajar en la empresa.

—¿Dónde? —pregunta Nicolás mientras me mira con sorpresa.

—En tu área.

Sin saber cómo reaccionar, le extiendo la mano a Nicolás.

—Hola, soy Guido, mucho gusto.

Llegamos a Microsoft y empiezan las charlas. Sigo sorprendido, pero trato de concentrarme en volver a sacar fotos. Le mando un WhatsApp a mi novia:

—Conseguí trabajo, después te explico.

El resto de la tarde pasa rápido.

Al cierre del evento, Sebastián se ubica en el centro de la ronda y dice:

—En VU nos gusta dar oportunidades a la gente y cumplir sueños.

Me señala.

—Él es Guido y les pido un gran aplauso de bienvenida porque el lunes empieza a trabajar con nosotros.

Todos se levantan a saludarme y darme abrazos. Y yo, sonrojado, emocionado, muerto de vergüenza, sigo con mi uniforme pero ya no me confundo con el fondo, paso al primer plano.

—Vamos al Hard Rock de Libertador y Las Heras, ¿querés acompañarnos?

—Sí, claro —digo—, y de paso les saco unas fotos por la ciudad.

Ni que fueran modelos, pero son mis nuevos compañeros de trabajo. En el camino todos me saludan, quieren conocerme, me preguntan las cosas con muchísima amabilidad. Le mando otro mensaje a mi novia que ya está en la casa que me presta mi amigo francés:

—No me esperes despierta porque no sé a qué hora voy a volver.

Les saco fotos frente a la Facultad de Derecho iluminada. Antes de irme le dejo mi número a Nicolás, para que puedan ubicarme. Todavía no creo lo que me pasa.

Llega el lunes y no tengo noticias. Llamo a Nico y me dice:

—Andá leyendo de HTML y de front end todo lo que puedas.

Pasan los días pasan y no me llaman.

—Nos estamos mudando de oficina, bancanos un poco —me dice Nico.

Me pongo a leer HTML como loco y luego sigo por Javascript. El llamado no llega y los días pasan lento. No quiero perder la esperanza, esto parecía ya estar definido. Miro videos de YouTube acerca de cómo iniciarse en programación. Esto verdaderamente me interesa. Nicolás había sido muy convincente, se supone que el trabajo ya era mío.

Pasa un mes. Empiezo a pensar que tal vez algo se complicó. Mi novia me dice que no sea negativo, que seguramente me van a llamar, que no afloje. Me pongo a estudiar CCS y Bootstrap. No quiero perder la esperanza.

Pasan dos meses hasta que al fin Nico me llama y me cita en la nueva oficina.

Es en Caseros y la entrada tiene una puerta de chapa. Es un edificio en construcción y me pregunto dónde me metí, pero no importa, estoy feliz.

—Como no sabés nada vas a empezar como soporte de infraestructura —me dice Nico—, así vas a aprender mejor que si empezaras de programador.

—Qué suerte —pienso— ya que de hecho, y tal como les avisé, yo no sé programar.

—Pero te dejo una cosa en claro, Nico —le digo—, yo luego voy a ser programador y de los mejores.

Nicolas sonríe:

—Esa es la actitud —dice.

Y aunque yo también sonrío, por vergüenza aparto la mirada. En el vidrio del ventanal encuadro mi reflejo, con una habilidad que me trajo hasta aquí y que ya no creo que vaya a necesitar en el futuro.

4. Andrea

Antes de sentarme a escribir la historia de Andrea, yo había consultado a varios fundadores de startups y presidentes de empresa para pedir que me sugirieran casos de personas que habían cambiado su vida gracias a la tecnología, y uno de los que más rápido me contestó fue Santiago Bermúdez, por aquel entonces CEO de Wolox, una de los software factories que más crecían.

Para mi sorpresa, Santiago me dijo que la persona sobre la que yo debía escribir era su propia madre. Mi primera reacción fue de cierta incomodidad, ya que todos creemos que nuestra mamá es lo máximo pero si luego la historia no me resultaba interesante... ¿cómo decírselo a él?

Tardé bastante en conocer a Andrea, ya que ella vivía (vive) en París y trabajaba (trabaja) muchísimo. La realidad fue que, cuando al fin pude conversar con ella, comprobé que la historia no solo era interesante sino particularmente distinta. Cuando terminé las casi tres horas de llamada se me venía a la cabeza una sola palabra: determinación. Con su sencillez y humildad, Andrea me enseñó una gran lección en cuanto a la importancia de no ceder y de seguir adelante cueste lo que cueste.

Ese mismo día llamé a Santiago, y además de agradecerle, lo felicité por la mamá que tiene.

"Determinación"

La entrevista fue por teléfono, ya que desde hace más de veinte años, Andrea vive en París.

—Ese es uno de los cambios que la informática generó en mi vida —me explica apenas empezamos a conversar.

De chica vivía en Martínez, en una casa antigua tipo chorizo, reciclada en forma sencilla; segunda hija de padres trabajadores, Andrea tuvo una infancia feliz con un hermano, dos perros en el patio, las abuelas y una tía bastante presentes, y los altibajos económicos típicos de la clase media argentina.

Desde pequeña le interesaba la química, la física, las matemáticas. Por aquellos años, sus gustos no eran los propios de una nena de su edad: no jugaba con muñecas, sino que las desarmaba para entender sus mecanismos. Construía flippers, diseñaba alarmas para detectar cuándo alguien entraba a su cuarto, hacía experimentos, ataba hilos arriba de las puertas de la casa para esconderse detrás de un sillón y que sonara algo cuando sus padres o alguna tía pasaban por ahí.

—Yo no encajaba en el estándar de las nenas normales —dice Andrea—. Tenía un hermano mayor con el que jugaba a las bolitas y a los autitos, aunque eso tampoco le interesaba tanto. Lo suyo era descubrir, inventar.

Su papá, Heribelto, apenas llegó a terminar sexto grado cuando debió comenzar a trabajar; su mamá, Martha Elisa, llegó hasta tercer año de medicina.

Ambos querían que sus hijos estudiaran y terminasen una carrera, y en eso se parecían a todos los padres de la época; lo que los hacía diferentes era que tenían un alto grado de apertura sobre qué carrera sus hijos deberían estudiar, y los estimulaban a aprender lo que ellos quisieran.

En la época de la infancia de Andrea se produjo el boom de la energía nuclear, lo que a ella la sorprendió muchísimo: buscaba entender por qué pasaba aquello, cómo se generaba esa energía, cómo podía producirse tanta, de qué forma. Siempre que podía pedía libros sobre el tema, y sus padres, orgullosos, se los compraban. Cuando Andrea pedía, en lugar de una Barbie, un microscopio, ellos se lo regalaban felices y la incentivaban a utilizarlo y a aprender más. En el colegio no era brillante, porque la mitad de las materias la aburrían y la exigencia de sus padres no pasaba por las notas.

Aunque nunca abandonó del todo la zona, cursó la primaria y la secundaria en cuatro colegios diferentes, un poco por mudanzas, otro poco por vaivenes económicos familiares, como cuando sus padres debieron pasarla del Florida Day School al Martin y Omar, y otro poco porque tampoco ella se arraigaba tan profundamente con sus compañeros y cambiar no le molestaba. Al fin completó la secundaria en el Nacional San Isidro, donde terminó de descubrir su pasión por las matemáticas.

Así fue como, tras haber cursado el año preparatorio de la universidad junto con el último del secundario, con apenas diecisiete años, Andrea ingresó a la UBA para cursar la Licenciatura en Física. En un bar en San Isidro donde cada tanto se juntaba con las amigas del secundario a tomar café, conoció a Pancho, un proveedor del bar, y él entre charlas y cafés, con el aplomo de sus treinta y seis años, la conquistó con su aire seguro de hombre adulto.

Pancho, un comerciante sin estudios, era todo lo que sus padres no querían para ella, y entre otras cosas por eso mismo a Andrea le pareció perfecto. A los veintiuno se casó y, como Pancho era mayor, decidieron tener chicos pronto: Luli llegó a sus veintitrés y Santi a sus veinticuatro. Su padre, que había montado dos geriátricos con la indemnización de un despido, por esos años falleció y Andrea tomó la responsabilidad de ayudar a su madre con la administración. La facultad la manejaba como podía, rendía materias sin interés y aprobaba con lo justo.

Pronto, su vida no tenía nada que ver con lo que había imaginado. Los sueños de estudiar para ser física, ir a Bariloche a trabajar como investigadora en el Instituto Balseiro, aprender mucho, usar su inteligencia para ayudar a la humanidad, descubrir cosas nuevas, todo eso había quedado en potencial y nada en la realidad. Pancho, que era uruguayo, no concebía la idea de volver a mudarse, y menos a Bariloche. Por otra parte su empresa de repartos funcionaba como para sostener a la familia con lo justo pero aún así era más de lo que ella hubiera podido ganar como investigadora, y así fue como Andrea abandonó la facultad.

Una tarde, en la cocina de su pequeña casa en el centro de San Isidro, tras haber levantado la mesa del almuerzo, se sentó con el repasador en la mano y la mirada en el patio. "Esto no me lo banco más", pensó. "Tengo que hacer algo". Le habían hablado de un trabajo en una pequeña empresa para diseñar, desde su casa, carteles y publicidades de comercios, y como ella había hecho un curso de diseño de interiores, aun sabiendo que no le pagarían mucho, decidió aplicar. También se presentó al Nacional San Isidro como suplente de Física y Matemáticas.

Una vida posible, aunque no era la de sus sueños, empezó a tomar forma. Así, Andrea pasó los siguientes años entre las horas en el colegio, el trabajo en diseño desde la casa, las ayudas a su mamá con el geriátrico, los chicos y el marido. Pero ella quería más y así fue como meses de leer sobre el boom de internet todas las noches luego de haber acostado a los chicos provocaron que, en 1989, Andrea volviese a la facultad para estudiar Computación. Segunda oportunidad.

Ella tenía veintiocho años, una casa, dos hijos y un marido que atender, un trabajo de diseño en los ratos libres y varias horas de clases en un colegio. No había tiempo para perder con los compañeros recién egresados del secundario: pragmática, sabía que sus notas no serían brillantes pero se las ingeniaba para no ser reprobada en ningún examen, y pronto los profesores apreciaron su compromiso.

—Andrea, estoy armando el equipo para un proyecto y te quiero a vos —le dijo una mañana uno de sus profesores en tercer año de la facultad.

Se trataba de un cambio de sistemas para una empresa que le daba servicios a Telecom en todo el país e implicaba viajar por períodos de quince días al interior, durante un año. Por entonces Pancho ya había perdido su empresa y estaba desempleado. Había que pagar el alquiler, los chicos estaban en el colegio y su madre aún resistía para mantener a flote el geriátrico. "Voy a agarrar esto y me dejo de tanto sentimientos, que nadie se va a morir", pensó Andrea, y aceptó.

El proyecto, que duraría nueve meses, consistía en hacerle un upgrade de versión a un sistema de atención al cliente: le agregarían funcionalidades, sería una migración de varios días. Ellos iban en un grupo de cuatro a una agencia comercial del interior durante una semana. Primero harían todos los preparativos de la migración, verificarían que no hubiera problemas con las bases de datos, y cuando el viernes a la tarde se cerrara la agencia, trabajarían como locos para hacer la migración. El objetivo era que el lunes a la mañana estuviera el nuevo sistema, y la semana siguiente se quedarían para acompañar el cambio, haciendo soporte a la gente que atendía en la agencia, porque aquel sistema era con el que tomaban los pedidos para instalar teléfonos. Quince días en una ciudad, un fin de semana con los chicos y Pancho, y luego otros quince días en otra ciudad. Y así todo un año. Los meses pasaban volando...

En el proyecto de Telecom, Andrea conoció a unos franceses que aparecían cuando un problema era demasiado difícil para ser resuelto por el equipo y, como ellos eran los que habían diseñado el sistema, lograban resolverlo todo.

"Curioso", pensó ella, "algún día me gustaría entender bien qué es lo que hacen".

Más allá de las intervenciones especiales de los franceses, los procesos de migración estaban llenos de imprevistos menores a ser resueltos por el equipo de trabajo local en el momento en que se presentaban, durante los fines de semana y en la ciudad del interior que fuera. Andrea se desenvolvía bien, siempre encontraba una solución razonable y práctica, y tal vez por eso uno de los jefes del proyecto le propuso entrar a trabajar en Telecom como experta funcional del sistema. Tercera oportunidad, y Andrea ahora la aceptó sin dudarlo.

Trabajar en Telecom implicaba otra vida, desde pensar por primera vez en ropa más arreglada para ir a un trabajo allí en el microcentro, hasta olvidarse de los veranos en Gesell con los chicos mientras Pancho le vendía cosas a los bares, y también dejar de ayudar a su madre con el geriátrico.

Empezó a trabajar en un edificio de Ecuador y Santa Fe, y aunque al principio se sentía ajena a esa vida de ir al centro arreglada todos los días, era más fuerte el entusiasmo por aprender algo nuevo. Así, pronto su capacidad de esfuerzo y su interés por aprender hicieron que se destacara del resto. Cuando no entendía algo, se quedaba hasta cualquier hora en el edificio de Ecuador, y solo cuando lograba aprenderlo, se volvía en tren a San Isidro. Así fue como en un año la promovieron a jefa de Proyectos en la división de Sistemas de Información, y al año siguiente ya era project manager, trabajando con distintos gerentes según los proyectos que le asignaran. Andrea había notado que casi ninguno de los franceses hablaba castellano, y que muchos comentarios en los programas estaban en francés, lo que detenía en un punto la carrera de muchas personas.

Empezó a estudiar francés por las noches, luego de acostar a los chicos, y también los sábados por la tarde. "No hablaré fluido pero podré trabajar mejor", pensó.

Trabajó en Telecom varios años, en proyectos de alto impacto y que la motivaban mucho, como el de cambio de milenio, que por el paso de 99 a 00 prometía desbaratar los sistemas de facturación, o el proyecto de la factura única entre celular y fijo, todos temas críticos para la empresa, y también en muchísimos otros proyectos menos espectaculares pero que ella abordaba con el mismo compromiso: todo era trabajo al fin. Mientras tanto, a un ritmo mucho más lento, continuó con la facultad hasta terminar de cursar la carrera.

Con su trabajo en Telecom, Andrea sostenía la casa. El país no iba bien y la situación económica de Pancho era cada vez peor; cada tanto le surgía algún trabajo, pero eran ingresos eventuales. Con sus vaivenes, Pancho, a sus diecinueve años él le había parecido adorable, simpático y bohemio, pero ahora, con casi cuarenta años y dos hijos adolescentes a quienes quería darles una buena educación, le resultaba incompatible. Lo quería, pero era mejor seguir sola. "Si sigo con él no podré salir adelante", pensó. En 1998 se separaron pero quedaron amigos. Pasarían muchas navidades juntos y los chicos explicaban sin problema que sus papás estaban separados pero que aún hacían cosas en familia.

Pronto llegó el 2001 y con él otra catástrofe, para el país y para Andrea, que perdió en un instante lo que había logrado ahorrar en los años anteriores.

Esto coincidió con que en la empresa habían hecho unos cambios con los que ella no acordaba: el director de Sistemas, un economista, empezó a desarmar los equipos para industrializar el servicio informático. Esto no sirve, decía el nuevo director luego de cada reunión, y así fue como un buen día decidió desarmar el área de Andrea, a la que le ofrecieron un traslado. Tenía treinta y siete años, una evaluación como top talent, una oferta para pasarse al área de redes, dos hijos, un exmarido sin trabajo y vivía en un país con cincuenta por ciento de desempleo. Todo lo que empieza, termina, pensó. Y renunció.

Era verano y decidió ir a Villa Gesell a pasar unos días con los chicos. No sabía muy bien qué hacer. Tomó casi toda la plata de la indemnización y canceló la hipoteca, y en ese mes que iba a ser de total descanso, la llamó una directora de Accenture a quien había conocido en un proyecto de Telecom.

—Venite a trabajar con nosotros, que estamos haciendo el nuevo sistema de facturación de Telefónica de Argentina —le planteó. Andrea dudó: le pagarían la mitad de lo que ganaba en Telecom, pero al tomar ese trabajo se quedaba con la indemnización completa, y aceptó. Sabía que no era un paso permanente, pero el año de trabajo en Accenture lo aprovechó para terminar la tesis y recibirse.

La directora de Sofrecom, empresa por entonces parte del grupo France Telecom que hoy es Orange, pronto se enteró de que Andrea había salido de Telecom y la invitó a almorzar a un sitio elegante.

—Tenemos un proyecto en Francia, ¿querés venir? —le preguntó antes de que les llevaran siquiera el primer plato. Le contó que estarían varios de los que Andrea ya conocía de sus años en Telecom, que la misión les tomaría nueve meses y que cada tres meses podría regresar al país. Hacía falta gente que conociera la tecnología de Telecom y que montara, luego del paso por Francia, un software factory en Argentina. La propuesta era para desempeñarse como jefa del proyecto.

—Lo voy a pensar —respondió. Andrea, tengo dos hijos, una de catorce y uno de dieciséis, dijo como algo contundente, pero del otro lado solo recibió una media sonrisa y la pregunta:

—¿Cuánto querés ganar?

Andrea tomó una servilleta y anotó un número: el sueldo anterior de Telecom más un veinte por ciento adicional. Tendrás eso más un premio cada tres meses, un per diem de cincuenta euros por día, y un buen departamento alquilado. ¿Es decir que podré ahorrar el sueldo completo?, resumió Andrea, y mientras la directora comía la ensalada de la casa, hizo todo el plan. Viviría en Francia en forma austera, ahorraría todo lo posible, y si llegaba a novecientos euros por mes, en diez meses juntaría todo lo que se le había llevado el corralito, es decir el dinero suficiente para pagar la futura universidad de sus dos hijos.

Andrea les explicó a sus hijos que si soportaban que ella no volviera cada tres meses, a los seis meses podrían viajar a Europa y pasar en Francia los últimos tres meses de su asignación, con la posibilidad de viajar a otros lados los fines de semana. Los chicos estuvieron de acuerdo, por lo que ella llamó y aceptó el trabajo. Así fue como a mediados de 2003, Andrea, ya en sus cuarenta, sin ahorros, con dos hijos adolescentes, una madre y un exmarido que dependían de ella, armó las valijas y partió. Sin pensarlo mucho, como lo hacía todo. Llegó a París con cuatro compañeros y cada uno viviría en un apart diferente del mismo edificio. Los franceses que los recibieron eran amables, ella no entendía mucho, solo lo necesario, y luego de recibir una capacitación básica para entender en francés los cambios funcionales en el sistema, comenzó a trabajar en France Telecom.

En el proyecto reencontró a Lauren, un francés experto en el sistema con quien antes había coincidido en Telecom y que ahora, al igual que ella, estaba recién separado. Empezaron a salir. El tiempo pasó rápido, los chicos llegaron en diciembre, se quedaron hasta marzo, y Andrea combinaba el trabajo con los paseos los fines de semana.

Todo marchaba según lo planeado pero, llegado marzo, el proyecto se extendió, y entonces ella, que pensaba volver con los chicos, tuvo que cambiar de planes y quedarse en París. Cuando en julio el proyecto aún no concluía, varios comenzaron a tirar la toalla y a volverse pero Andrea decidió resistir. Cada tres meses de extensión del proyecto, a ella le daban un premio económico, del que Andrea tomaba solo una parte para ir a visitar a sus hijos y ahorraba el resto. En 2004 los chicos se mudaron con su papá y Andrea le compró a su mamá un pequeño PH cerca de Puente Saavedra. El proyecto se extendió hasta que le pidieron que lo liderase. Andrea aceptó y lo hizo hasta diciembre de 2005, siempre viviendo solo con su Per Diem, ahorrando el sueldo y aquel premio adicional cada tres meses, unos mil euros adicionales.

Hacia fines de 2005 le ofrecieron un contrato permanente. Andrea lo consultó con sus hijos, y ante la negativa de ellos de mudarse a Francia, renunció a Telecom y volvió a la Argentina, ya con perspectiva de trabajar en la empresa del Veraz, algo no tan interesante pero trabajo al fin.

Sin embargo, los de Recursos Humanos de Francia aún la llamaban y cada vez le ofrecían algo más tentador. "Me vuelvo a Francia por un año", concluyó un lunes tras haberlo meditado todo el fin de semana. Aún tenía que ahorrar dinero para la universidad de los chicos. Luli ya estaba de novia, Santiago se debatía entre sus amigos y una chica con la que salía, y los dos necesitaban un futuro que ella les podría proveer. "Eso es mejor que una mamá presente en el mismo país", pensó Andrea.

Volvió a hacer las valijas y se mudó a París, ahora al departamento de Laurent, como empleada directa de Sofrecom Francia.

Dominaba el francés cada vez con mayor soltura y comenzó a ser reconocida en la empresa. En 2007 la nombraron directora de Informática y en los años siguientes terminó de consolidarse como referente de la calidad de ingeniería de software. En 2012 le ofrecieron una posición aún más importante: Directora de Calidad para todo el grupo, reportando a una directora global a la que, Andrea, como siempre, en base a su trabajo y dedicación, terminó por reemplazar dos años después. En 2015 hicieron que fuera parte del Comité de Dirección de Sofrecom, reportando directo al CEO del grupo.

Hacia el final de la entrevista Andrea volvió a repetirme que ella no se consideraba una persona inteligente.

—No soy como Santiago. a quien vos conocés —me dijo—. Tampoco es que sea una tonta, soy una persona normal.

—Lo que pasa es que siempre tuve perseverancia —me explicó como si a esa altura de la entrevista fuera necesario—. Cuando me pongo un objetivo lo logro, ¿me entendés?

5. Cristian

Como conté antes, durante mi breve gestión como subsecretario nacional de Agenda Digital del Gobierno de Macri, llevé adelante un programa que llamamos Talento Digital y que tenía por objetivo generar diez mil becas para estudiar programación y oficios digitales que permitieran a los chicos insertarse en el mundo laboral. Como parte de ese esfuerzo hicimos unas treinta charlas para convocar a jóvenes. Una de ellas fue en la Casa de Morón, de la Fundación La Juanita, en las instalaciones de lo que había sido un antro y luego, recuperado, un club de fomento.

Ese día llovía torrencialmente y recuerdo entrar corriendo para no mojarme. También algo mojado por el diluvio, nos recibió un chico con una sonrisa que me hizo recordar que yo no tenía nada de qué quejarme en la vida. Me dispuse a dar la charla como yo siempre lo hacía, concentrándome en la idea de que se produjera el milagro y yo lograra influir en uno o dos de los más de cien chicos presentes, y si eran muchos más mejor.

Enseguida supe que el chico de la sonrisa se llamaba Chapu Martínez y además de ser político, era el que había fundado ese club de fomento, y quien dirigía la Fundación La Juanita en Morón. Al terminar la charla le pedí que me contara su historia y a los dos minutos supe que uno de los capítulos iba a ser sobre él. Léanlo y entenderán por qué.

"Chapu"

—¿Por qué te da vergüenza? —le preguntó Toty Flores.

—Porque siempre me apuntaron con el dedo y me hicieron sentir menos —le respondió Chapu.

—Los políticos son todos iguales —dijo Toty—, y vos sos distinto por tu historia, por eso es que tenés que contarla.

Chapu llamó al periodista y le dijo que sacara la nota, que la política no tenía sentido si la condición era no ser él mismo.

Los miedos eran demasiados, y él trataba de convivir con ellos. En un instante volvió al primer día de clases de primaria. A aquellos tres ya los veía desde la cuadra anterior, pero si cambiaba de ruta podía perderse. Se ajustó la mochila nueva, apretó los puños, alzó la mirada y avanzó a paso firme. A los dos metros de haberlos pasado sintió el empujón: él era flaquito, así que voló directo a la zanja.

Luego la lucha, dame la mochila, pendejo; ni loco, gritó él, y pegó todo lo que pudo, se arrastró por el barro, corrió para el otro lado y al final escapó. Llegó corriendo a la casa, entró por la puerta de atrás, puso a lavar el delantal, se limpió la cara y se acomodó la remera: no contaría nada de lo sucedido. A sus siete años, Chapu ya sabía cuidar a su mamá de esta clase de sustos. Y también sabía que no podía entregar su mochila por nada del mundo.

Como no tenían libros de cuentos, cada noche al acostarse, Graciela les hacía cerrar los ojos y les decía que se imaginaran otra vida: una vida perfecta cuando fueran grandes y estuviesen en otro lugar.

—¿Cómo va a ser esa vida, mamá?

—Van a llegar a su casa, que va a ser muy linda, van a abrir la heladera y estará llena de comida, comerán lo que quieran, van a tener estudios, una familia, unos hijos relindos. También van a tener auto...

José, su papá, había convencido a Graciela, la madre, de volver a juntarse. Vuelto de un viaje después de unos meses, había conseguido trabajo de casero en una quinta de La Reja, en medio del campo pero tenían para ellos una casa. Con esas nuevas comodidades para la familia, y la esperanza de que José se corrigiera, Graciela aceptó volver a intentarlo, como volvería a hacerlo después y siempre.

La de los caseros era una casa pequeña pero decente. En verano iban los dueños a usar la gran piscina, y hacían fiestas con muchas mujeres y autos lujosos. En el invierno José se iba a trabajar durante meses, y Graciela debía administrar con ingenio la comida que había y para Chapu era habitual escucharla llorar a la noche después de haberlo mandado a dormir a él y sus hermanos, ella sin cenar para que los hijos tuvieran suficiente.

El colegio público más cercano quedaba a treinta cuadras de campo y por la zona no había colectivo, así que

Chapu debió recorrer solo el camino a pie, de ida y vuelta, desde el primer día de clases de primer grado. Por las mañanas cuidaba a sus hermanos mientras su mamá cargaba maples en un peladero cercano al que había ido a pedir trabajo. Cobraba una parte en pesos y otra en huevos.

Durante los tres años que pasaron en la casa de caseros, todos los veranos recibían a Ricardo, hijo de una prima de Graciela, que unos meses al año quedaba al cuidado de ellos.

—¿Por qué no salimos a vender algo? —le propuso Ricardo a Chapu una tarde de verano.

Debatieron un rato sobre qué vender, y al no llegar a un acuerdo, Ricardo, de nueve años y Chapu, de siete, decidieron compartir la ganancia del producto al que apostara cada uno.

Ricardo, niño al fin, compró turrones y golosinas, pero Chapu, en cambio, pensó en las madres, sus clientes, que estarían menos preocupadas por dar a sus hijos una golosina que por tenerlos limpios. Él había visto cómo su mamá se esforzaba por rebajar el champú con agua y ponerlo en botellitas más chiquitas para que alcanzara, así que pensó en comprar sachecitos de champú. Por entonces el litro costaba treinta pesos y él podía vender los sachecitos de champú dos en uno Sedal a veinticinco centavos.

Ricardo le prestó plata a Chapu y compraron veinte sachecitos, que vendieron en menos de media hora. Sorprendidos, los dos comprendieron entonces que estaban frente a una verdadera oportunidad de negocios. Ricardo ya no compró turrones, y al día siguiente se fueron los dos en colectivo a Morón, donde con las ganancias de las ventas y unos ahorros de Ricardo compraron sachés de champú al por mayor para venderlos luego en una villa cercana a La Reja. Con las ganancias del champú podían darle plata a Graciela para que comprara pan, leche o aceite y además alcanzaba para que se dieran sus gustos: compraban golosinas, paseaban por Morón y entraban a los videojuegos, veían películas de Freddy y de Bruce Lee, y Chapu hasta se compró una remera de Mazzinger Z.

Pero sucedió que, al finalizar el tercer verano, los dueños de la quinta hablaron con Graciela. Luego de la última pelea, José se había marchado y ellos no podían seguir teniéndola a ella sola con todos los niños: necesitaban un matrimonio de caseros, no más que lo que habían contratado.

Una vez más Graciela debió meter todo en bolsas y salir a ver adónde irían a parar. Una tía de ella le prestó una casilla en un barrio cerca de Deloid, por la zona de Ituzaingó. Esta situación no era nueva; volver una vez más a las cuatro paredes de ladrillo pelado, el piso de barro apretado, la cocina de garrafa, el techo de chapa y el baño afuera. La tía vivía en la casa grande, en el mismo terreno pero atrás.

Graciela anotó a Chapu en una escuela de Morón que quedaba cerca de su nuevo trabajo en una fábrica. Allí Chapu hizo el resto de su primaria, llevando con cuidado a sus hermanas en colectivo todos los días de Ituzaingó a Morón: bajaba en la avenida Vergara, esperaba que alguna señora estuviera por cruzar y se ponía cerca para no equivocarse con los colores del semáforo y que no los pisaran los autos, y solo les soltaba las manos a sus hermanas ya dentro del colegio.

Por las tardes debían salir y cruzar un puente para ir a un comedor escolar, donde almorzaban y hacían la tarea hasta las seis de la tarde, cuando su mamá los retiraba al salir de la fábrica.

El comedor escolar era un ambiente pesado, y Chapu venía de una familia amorosa. Tuvo que hacerse rudo y pronto entendió que si no se plantaba firme no iba a poder evitar que molestasen a sus hermanas. Así que ante la primera burla a una de ellas, no dudó en agarrarse a trompadas con el niño más violento del comedor. "Acá, si no me hago respetar, soné", pensó Chapu. Y después de ganar la pelea se hizo una marca en la muñeca, como un tatuaje, e inauguró una banda: quienes se sumaban, ganaban la marca en la muñeca. Tal vez todas las bandas nazcan así, no para agredir sino para protegerse.

Chapu no tenía en claro los impactos sociales, tan solo tenía ocho años y la necesidad de sobrevivir.

Su mamá regresaba a la casa a las ocho de la noche y como sus hermanas y él volvían a seis, tenían un par de horas más para hacer la tarea. Una noche de invierno miró el reloj y eran las ocho y cuarto. Sintió un escalofrío: su mamá debía haber llegado hacía un rato. Media hora más, y nada. Empezó a poner trampas, por si alguien quería entrar a la casa; sus hermanas comenzaron a llorar. El aguantó firme y solo se quebró cuando su mamá lo abrazó entre llantos, desesperada porque había perdido dos colectivos y no tenía cómo avisarles.

Por esas épocas su papá había vuelto otra vez a la escena familiar: le había pedido perdón a su mujer y luego lo de siempre. Se puso a trabajar de botellero con un carro, al principio tirado por él mismo y luego por un caballo viejo. Chapu lo acompañaba y sin más función que la de gritar "Botellero", porque a la gente le llama más la atención cuando la voz que pide es la de un niño. "Botellero, compro diarios, fierros viejos, limpio escombros", repetía Chapu mientras crecía cerca de las botellas, los cartones y su papá.

Los años de la adolescencia pasaron rápido, con la calle como su escuela, para lo bueno y para lo malo: a los doce años conoció la marihuana, y a los quince la coca.

Ya por entonces vivían en Villa Perrera, lugar que había ganado su nombre por la cantidad de perros abandonados. La casa era de piso de tierra y techo de chapa pero se sentía como un hogar porque les pertenecía, ya que la habían armado en un lote de su abuela paterna.

Chapu creció rápido, y la vida le tenía preparada una sorpresa: a los diecisiete dejó embarazada a Gisella, su novia de entonces. Los problemas se acumulaban y la adicción a la cocaína ya no era pasajera: si trataba de escapar de los entornos malos, solo terminaba por meterse en otros peores. Necesitaba trabajar. Trató de regular un poco el tema de la cocaína, se cortó el pelo y se presentó en el McDonald's de Plaza Oeste.

"Al gerente del Mc Donalds me lo puso Dios ahí", piensa Chapu ahora. Es que Chapu necesitaba ayuda y aquel hombre lo apoyó como si fuera un hermano menor.

El primer día de trabajo en el local le indicaron que pasara la escoba en el local y que limpiase los baños. Así dos veces, a la tercera se enojó.

—Yo vine para trabajar en la cocina, el baño ya lo limpié tres veces —dijo mientras cerraba de un golpe la puerta del vestuario, dispuesto a cambiarse y renunciar.

El gerente se metió en el vestuario.

—Flaco, vos tenés problemas, necesitás trabajar; yo te voy a ayudar, pero no renuncies hoy. Vas a pasar a cocina cuando seas responsable.

A la semana lo asignaron a la parrilla. Iba aprendiendo. Le pusieron un pin en la corbata. Algunas semanas más tarde fue empleado del mes y pusieron su foto en el cuadrito. Otro pin. Empezó a trabajar en caja haciendo reemplazos. Aún limpiaba los baños, ya sin quejarse.

Al año y medio lo pusieron como jefe de turno, a cargo del local cuando el gerente no estaba. Tenía sueldo, obra social y un jefe que lo había rescatado del borde del abismo, pero dejar la cocaína no era fácil.

La vida entró en una meseta. La estabilidad era bienvenida, pero la tristeza de todo lo vivido al fin lo alcanzó. A los veintitrés años tomó una nueve milímetros y se quiso matar. El arma no funcionó y él lo tomó como una nueva oportunidad que le daba la vida. Habló con el gerente y le agradeció con el alma: era mejor cerrar ese capítulo y buscar algo más cercano a la calle que era donde él pertenecía. Volvió a las changas, fue albañil, pintor, mecánico, chapista...

Como tenía facilidad para hablar se puso a vender ropa, en ese momento de la marca Stone. Vendía muchísimo, aconsejaba a las chicas y a los chicos, les decía lo que les quedaba bien, casi siempre exageraba un poco, pero todos se iban felices. Empezó a soñar con tener un local propio, un negocio donde fuera el jefe. Un día, parado en la vidriera del local de ropa, vio pasar un pibe en busca de un lugar donde le arreglaran el celular y luego a una mujer con un folleto amarillo y negro. Tuvo entonces una corazonada: un local para reparación de todo, celulares, cámaras, plays, consolas; no existía un local donde se reparara todo eso junto.

Tenía cien pesos en el bolsillo. Si consigo este sueño dejo la coca, pensó. Empezó a caminar sin rumbo y a dos cuadras encontró un local en alquiler. Pidió que se lo mostrasen y quiso señarlo pero le dijeron que no. Volvió a su casa a pie. A las dos horas regresó para insistir.

—Si lo agarrás así sin pintar, te lo doy por esos cien pesos de reserva —le dijo el dueño ya cansado. Llamó a un amigo.

—Dejé la coca y tengo la llave de un local sobre la avenida. Se va a llamar Zion Digital, en honor a la última ciudad humana de Matrix, y va a tener un cartel grande, en negro y amarillo, como los taxis de la Capital.

El amigo puso diez mil pesos y trabajaron juntos ocho años: arreglaban computadoras personales, celulares, notebooks, cámaras digitales, tablets, televisores, audio-video. Luego abrió a pocas cuadras otro local: Central de reparaciones Oeste, donde en verdad arreglaba de todo, desde microondas hasta heladeras; cualquier cosa eléctrica pasaba por ahí. Contrató muchos técnicos a comisión. Abrió un tercer local y compró su primer auto, un Renault 12 bien mantenido.

Con la crisis del 2001 todo se complicó y Morón se convirtió en un caos. La mamá de Chapu, una mujer muy especial, hacía años tenía un comedor porque había decidido no seguir observando cómo todos por allí se morían de hambre. Ella no tenía nada, pero los de enfrente tenían menos y, lo que era peor, no sabían cómo salir adelante. Empezó a juntarse con otras madres; ella era osada a la hora de pedir y eso ayudaba. En 2001, el comedor pasó de tener cincuenta o sesenta personas por día a tener doscientas, siempre al mediodía. Se llamaba "Unión por los humildes" y se mantuvo abierto unos ocho años, en los que ella no cobró nada por su labor. No dejaba de ir todas las tardes a lavar ropa o a limpiar casas.

En 2001 Chapu pensó que la tarea social de su mamá era noble, pero que sin la política no iban a llegar a ninguna parte. Sabía que los políticos querían usar a su mamá como referente. "Llená micro y te doy cien pesos por persona".

Él estaba mejor de lo que nunca había soñado: tenía tres locales, tenía plata, un Renault 12 negro. Lo invitaron a una reunión política, y aceptó medio reticente pero al hablar lo sintieron distinto y lo pusieron como número dos de candidato a concejal por el partido de Rodríguez Saá. Recordó cómo de niño, su mamá le hacía caminar unas veinte cuadras para llevar mercadería a una señora mayor, en una casa sucia, con perros que le daban miedo. La señora, bañada en lágrimas, besaba y abrazaba a su mamá. En una oportunidad, al volver a pie los sorprendió una lluvia torrencial.

—Por qué hacemos esto si a nosotros no nos sobra —le preguntó a su mamá un Chapu de nueve años.

—Porque vos me tenés a mí pero esa señora no tiene a nadie.

Cristian Martínez es un nombre muy largo, le dijo su mamá: "La abuela te decía Chapu. Cuando los militantes empezaron a pintar las paredes con "CH Martínez" y el corazón del Chapulín Colorado, lo llamaron de una consultora para preguntarle quién le hacía el "marketing político" y Chapu soltó una carcajada. Gracias al boom de los celulares y la tecnología ahora tenía un sustento y podía animarse a pensar en cambiar el mundo, empezando por Morón. En esa oportunidad no salió concejal, pero empezó a trabajar con el Momo Venegas y con Toty Flores. Ingresó al equipo de Ramiro Tagliaferro, se sumó a Cambiemos.

En la actualidad es miembro de la Comisión de Seguridad del Concejo Deliberante de Morón, arma proyectos con los concejales de los distintos bloques y trabaja todas las tardes en la Fundación La Juanita, donde dirige la casa de Morón, en el mismo club de fomento que fundó hace unos años, al rescatar un viejo club de las manos del narcotráfico para convertirlo en un centro de entrenamiento en oficios digitales.

Aún es socio en los locales de reparación de celulares, que ya son cuatro.

En su fundación de Morón, cuatrocientos jóvenes estudian oficios digitales. Robótica, community manager, diseño de páginas web, cursos para vendedor de Mercado Libre...

Esta entrevista fue por zoom, ya que estábamos en tiempo de pandemia, pero nada de eso disminuyó la emoción. Chapu se quebró dos veces al contarme su historia y yo, con un nudo en la garganta, escuché en silencio, lleno de respeto por este hombre que me resulta familiar aun siendo tan distintos y que, a sus cuarenta años, vivió mil vidas.

—¿Por qué soñar con ser intendente de Morón? —pregunté.

—Porque tengo la obligación de hacerlo. Yo era nómade y Morón me dio todo.

Para cerrar la charla, me tomé la licencia de pedirle, como lo hacía su mamá cuando tenía cinco o seis años, que cerrara los ojos y me describiese su visión de sí mismo como intendente.

Su respuesta fue:

—Lo veo con total claridad: soy intendente y le doy un cambio profundo al distrito, integrando a todos, los que tienen mucho poder y los que no tienen ni para comer.

6. Benjamín

Como ya conté, durante mi gestión como subsecretario nacional de Agenda Digital organicé muchas charlas con jóvenes para promocionar las carreras digitales. Una de ellas tuvo lugar en Digital House, ya que ellos se habían ofrecido amablemente a acompañar al Gobierno en algunas charlas, y no solo nos facilitaban el espacio sino que inclusive habían dispuesto un par de profesores y alumnos para dar sus testimonios.

Ese día tendríamos dos grupos y al finalizar la primera charla me quedé conversando con Sebastián Mackinlay, socio de la empresa.

Como siempre, aproveché para pedir casos interesantes para mi libro y Sebastián, sin dudarlo un instante, me dijo que debía conocer a Benjamín, uno de los chicos que estaba programado para dar su testimonio en la charla siguiente. Benja se había convertido en programador de forma autodidacta y, aun debiendo materias del secundario, trabajaba ya en proyectos de inteligencia artificial con ellos.

—Sencillamente, es un genio —me anticipó Sebastián.

Luego de que Benja diera su testimonio en la reunión siguiente, le pedí su contacto y a los pocos días lo invité a tomar un café en un bar sobre la Avenida Libertador, a dos cuadras de Digital House, en Núñez.

Con dieciocho años por entonces, Benjamín es el más joven de los protagonistas de este libro y, como cualquier adolescente, en aquella oportunidad me contó su historia muerto de risa y con total informalidad. La charla se extendió por tres horas solo porque yo, maravillado con su historia, no podía parar de hacerle preguntas. Luego de varios cortados para mí y un par de cocas y un tostado para él, nos despedimos y prometimos quedar en contacto.

Cuando terminé de escribir su relato se lo envié por WhatsApp, así como hago con todos los que escribí para este libro. Dos días después, Benja me escribió para contarme que su hermana se había emocionado hasta las lágrimas y le había dicho que, a partir de mi texto, por primera vez lograba comprenderlo.

"Hacker"

Como la primera call con Alcatraz3222 era un miércoles a las 17 h, a Benjamín le quedaba el tiempo justo para volver del colegio, revolear la mochila, buscar unas galletitas y un vaso de Coca y encerrarse en el cuarto con sus headsets, sus tres pantallas sincronizadas y su compu.

Alcatraz3222 tenía un nombre normal, pero Benjamín o bien no lo sabía, o no lo recordaba porque no era relevante. Lo importante era que uno de los hackers más conocidos en el mundo había accedido a tener una conversación con él, un adolescente argentino de catorce años que desde hacía unos meses trabajaba desde su habitación en equipo virtual con un francés y un inglés, ambos de entre veinticinco y cuarenta años de edad en un programa que prometía traer grandes ventajas a las plays chipeadas, es decir hackeadas o crakeadas, o como sea que se diga eso en otras partes del mundo.

En las últimas semanas habían avanzado mucho gracias a un descubrimiento de Benja, una aplicación que les traía los códigos fuente de los programas, lo que les permitía copiarlos y agregar al programa partes enteras que agilizaban su desarrollo. Pero la novedad también los había asustado: así como ellos, otros podrían usar esa aplicación para robarles sus códigos. Necesitaban proteger su trabajo de meses, y Benja insistió en que la persona indicada era Alcatraz3222.

La primera impresión era la de alguien educado pero serio, que se había unido a la llamada de manera puntual y parecía interesado por entender los desarrollos de este grupo liderado por un chico de catorce años. Sin embargo al saber que el pedido era para proteger una aplicación, los interrumpió irritado:

—Yo solo sé crakear aplicaciones, no protegerlas, ¿por qué me buscan a mí para esto?

Fue entonces que Benja lanzó la propuesta que terminó por convencerlo:

—Para que aprendamos juntos, nosotros protegemos, vos intentás hackear; si lo lográs entonces yo vuelvo a mejorar mi protección y así hasta que no lo logres. No puede haber un socio mejor que vos —le aseguró Benja con tono vendedor, y así le arrancó a Alcatraz3222 la primera risa que le escucharon.

Empezaron a trabajar con intensidad: Benja llegaba del colegio a las 16.30 h, se ponía los headsets y hacía calls hasta las 21 h; había días en que la cosa se ponía más pesada y trabajaba hasta las cuatro o cinco de la mañana. Algunas veces debía trabajar hasta las seis, una hora antes de que sonara el despertador que ponía su papá, como para dormir un poco y luego, al despertarse, mentir que estaba medio enfermo, faltar al colegio y dormir hasta el mediodía para volver luego a empezar. Otras veces se olvidaba de las horas y lo sobresaltaba el sonido del despertador. Entonces se metía pronto en la cama para que su papá al ir a despertarlo lo encontrara allí, y luego volver a lo de sentirse mal, mejor me quedo en casa, dormir hasta el mediodía y volver a empezar. Aunque su papá tenía un genuino interés por comprender lo que hacía su hijo, al que había criado con una gran libertad, explicarle le hubiese demandado a Benja mucho esfuerzo. No era mala onda, era más rápido y no hacía ningún daño ocultar o mentir un poco.

Alcatraz, un verdadero profesional, planteaba al grupo un alto nivel de exigencia: les mandaba textos de cuatrocientas páginas que Benja leía entusiasmado, les pedía extensos trabajos de un día para el otro, les daba feedback sin dejar pasar ni el más mínimo error. No se divertía pero trabajar con él era como hacer un máster en ciber seguridad. El tipo crackeaba cosas importantes, no tenía tiempo para perder, y Benja creía que había aceptado ayudarlo solo porque le resultaba divertido entrar en el rubro de las plays, y también por la satisfacción que le causaba ver que un chico de catorce le hablara de igual a igual.

Y era verdad que, en temas de la play, Benja estaba muy avanzando y ya era algo famoso. Todo había comenzado hacía un par de años, cuando, para su cumple de doce, Sandra, su mamá, separada de Adrián, el papá de Benja, desde hacía tiempo, le había regalado una play. El regalo había sido además una invitación a integrarse con los dos hijos de su novio, que por entonces pasaban mucho tiempo con él y que pronto se volvieron sus íntimos amigos. Benja, el segundo de seis hermanos y con padres separados, siempre gozó de una libertad, que entonces utilizaba para priorizar la play por sobre cualquier otra cosa, incluido el colegio. Después de todo, querían que se integrara con los hijos del novio de su mamá y él los complacía.

Boombang, el juego favorito de aquel trío de adolescentes de familias ensambladas, era toda una revolución pero tenía un problema: era en buena medida dar golpes, para lo que se necesitaba clickear mucho un botón, y así se rompían teclados, mouses y joysticks. El juego era muy competitivo ya que se retaban con otra gente, y Benja, obsesionado con ganar, empezó a analizar seriamente los factores que podrían llevarlos al éxito. Se preguntaba por qué unos ganan y otros no, cuando la velocidad del dedo al clickear no podía ser tan distinta. Decidido a descartar ese factor, buscó en Google sistemas de clickeado automático, y para su sorpresa encontró muchos tutoriales en Visual Basic. Los hizo todos: bajó los códigos, empezó a copiar partes y pudo armar un sistema que trabajaba en forma automática luego del primer click. Lo llamaron "auto-click", y gracias a él empezaron a ganarle a todo el mundo y a escalar posiciones en forma rápida. Así, a sus doce años, Benja, sin saberlo, se convirtió en programador.

Pronto se corrió la voz, otros jugadores copiaron la idea y ellos se estancaron en el ránking. Aún más: Benja llegó a ver, admirado, que un tipo que sabía mucho más que él hizo una cosa que se llamaba scripting y que consistía en que, al conectarse al juego, en lugar de activar la función pegar en forma manual, un script veía cuántos jugadores había y ejecutaba la función solo cuando estos se acercaban. Con eso sus medio-hermanos se desilusionaron, pero Benja trabajó todo un fin de semana hasta que logró copiar el script.

—Ustedes me decían que no iba a poder y pude, y después, cuando les mostré cómo lo hice me dijeron que era fácil —les dijo—. Fácil. sí, pero alguien tenía que hacerlo.

Con los nuevos desarrollos de Benja, los tres volvieron a ganar hasta que el juego empezó a advertir lo que hacían y limitó la cantidad de paquetes que recibía el servidor de cada jugador, es decir la cantidad de data, y empezaron a desactivar a los jugadores en especial a ellos –por algunos segundos cuando detectaban el script… Así se perdió la gracia, y Benja se enfocó en las salidas con los amigos a las matinée del SIC. Aunque pronto empezó a poner la casa para las previas y así la play volvió a primer plano, aunque ya no con sus medio-hermanos.

En esas previas, los amigos le pedían siempre un juego nuevo, y como no lograba convencer a su papá de comprarlos, buscó en internet cómo tener juegos gratis, aprendió que eso era posible si se hackeaba la play y encontró un lugar: un PH en Villa Devoto donde ofrecían ese dudoso servicio. La llevó hasta allí y ya de regreso en su casa, con la play hackeada, aprendió en Google cómo bajar nuevos juegos y se metió en un foro para pedir ayuda, hasta que una persona se ofreció a guiarlo vía Skype y juntos lograron destrabar la play y bajar los primeros juegos. Aprovechando la generosidad de la red buscó en otro foro cómo hacerle mejoras al GTA5, que era el juego que más le interesaba por aquellos tiempos y pronto aprendió a programar para no morir, para aparecer en otro lado de la pantalla y para tener más vidas. Así, cuando empezó a ver que las mejoras existentes no cumplían con todo lo que él quería, se propuso integrarlas en un programa propio. Y estaba en esos esfuerzos cuando conoció a un español apodado Califa, de veinticinco años, que le ofreció aprender juntos. Todas las tardes, al regreso del colegio, trabajaba con el español para hacer un programa propio desarrollado con cosas aprendidas en YouTube y cuando tuvieron un producto decente lo publicaron en un sitio. El primer interesado apareció pronto: Leonitz, un francés de cuarenta años que quería aprender a programar y los contactaba con la excusa de comprar el código fuente del programa. Se lo vendieron a dos cientos dólares pero al tipo en verdad le interesaba aprender con ellos. El regreso del colegio de Benja era un buen horario para Europa: así se formó el grupo y así comenzó la aventura.

Un poco por el estímulo de trabajar con alguien tan importante como Alcatraz3222 y otro poco porque necesitaba dinero, Benjamín, una tarde, en tan solo un par de horas, armó un foro personal, algo sencillo: descargó un template, miró algunos foros para copiar ideas y empezó a publicar todo lo aprendido. "Somos buena gente porque le brindamos al mercado aplicaciones para disfrutar de sus plays hackeadas", se decía, aunque no dejaba de sentir cierta culpa y más de una vez llegó a pensar que aquello en realidad no estaba nada bien. Al final, cuando el equipo decidió hacer la publicación, el asunto pasó a ser en dónde, algo que resolvieron fácil gracias al pragmatismo del español: pondrían links de su página en foros grandes, para que cualquier desconocido pudiera entrar y bajar las aplicaciones. Robin Hoods cibernéticos: lo haremos todo gratis, dijeron.

La primera publicación la hizo Benja un lunes a la mañana, y cuando salió al primer recreo ya tenía cien personas anotadas en la página; al mediodía, cuando salió a comer al McDonald's de la vuelta, ya había doscientos interesados y él no lo podía creer. Por suerte ese día había faltado el profesor de Matemáticas y tenía la hora libre, así que pudo seguir el progreso de cerca: a las cinco de la tarde ya había ochocientas personas en la página. Entonces le surgieron dos preguntas: 1) qué hago en el colegio y 2) por qué lo hicimos gratis.

Esa misma noche, en la reunión con el equipo planteó una propuesta para esa última cuestión: debemos hacerlo pago. El francés, que ponía los servidores, tenía dinero y dijo que con tal de aprender cómo se configuraba este negocio, aceptaría financiar la instalación de más servidores para soportar una mayor cantidad de clientes. El negocio tomaba rumbo, y el colegio no: Benja no dejaba de faltar con excusas diversas.

Tenía quince años, treinta faltas llegado junio, y dos mil clientes a la espera de nuevas aplicaciones.

Aunque el desenlace parecía inminente, recién en septiembre quedó libre y en consecuencia se llevó todas las materias a marzo: en términos prácticos debería repetir el año. Lo primero que pensó Benja era en la enorme oportunidad que esto representaba para su negocio: con tanto tiempo libre podría avanzar como nunca.

Sin embargo, sus padres pronto anunciaron otro plan: consultarían a un psiquiatra porque estaban preocupados por él. No entendían qué hacía Benja encerrado todo el día en su cuarto, si jugaba a la play o si hablaba con gente que jugaba a la play, pero en todo caso nada de eso parecía normal. El psiquiatra pronto diagnosticó fobia escolar y prescribió unas pastillas que Benja tomó solo durante las primeras semanas del tratamiento, hasta que logró convencer a los padres de que lo suyo no era una fobia sino una irremediable atracción por la tecnología y por los negocios.

El pragmatismo terminó por imperar y los padres aceptaron primero que él siguiera sin medicación, y luego que aun sin que sufriera la supuesta fobia, de hecho jamás le daría demasiada atención a la escuela, por lo que lo cambiarían a una pública y lo dejarían avanzar a su ritmo pero con menores costos para la familia.

Así, al año siguiente volvió a empezar tercer año, esta vez en el Nacional San Isidro. Mientras tanto, su aplicación estaba mucho más robusta y Benja empezó a venderla a gente de otros países, con lo que de a poco, se produjo un nuevo boom: las ventas se dispararon y el equipo con el francés y el inglés tomó el nombre de World Moding Team.

El negocio no estaba libre de competencia, en especial la de unos ingleses que habían desarrollado un programa muy interesante, pero los World Moding Team tenían en sus filas al gurú del crakeo, lo que permitía que cuando aquellos ingleses lanzaban alguna mejora, Alcatraz crakeaba el programa y lo subía gratis a internet. Luego de que esta secuencia se repitiera varias veces, los ingleses les pidieron que en lugar de hackearlos los protegieran y ellos estuvieron de acuerdo, pero mediante un pago periódico: una nueva fuente de ingresos. El negocio crecía de manera firme: un japonés le pidió a Benja que le enseñara a desarrollar algo similar para Asia, y él le dio una clase de dos horas por la cual cobró doscientos dólares. Las dos horas más redituables de mi vida, pensó. Con un árabe a quien le había vendido el programa se comunicaba a través de un traductor, que Benja ni siquiera sabía de qué país era. Los negocios virtuales no conocen fronteras, pensaba.

Por un breve tiempo todo fue vértigo, y en un par de

meses Benja juntó dos mil euros. Solo que cuando todo empezó a parecer resuelto y casi predecible, él se aburrió. Antes de despedirse para siempre de Alcatraz3222, cerrar el negocio y dar por terminada esta etapa de su vida, decidió qué hacer con el dinero: la primera parte tenía un destino claro: la play 4; otra parte sería para pedirle a su hermana que vivía en Estados Unidos que le trajera una impresora 3D, ya que había empezado a despertarle mucha curiosidad cómo funcionaban estos aparatos recién aparecidos en el mercado.

Quería la impresora 3D para automatizar su cuarto. Corría el año 2015 y eso no era nada habitual, pero Benja estaba obsesionado con poder llegar a su habitación y dar comandos con su voz. Su hermana, que vivía en New York desde hacía varios años y era la encargada de transportarla en uno de sus viajes, la trajo sin mayores protecciones dentro de una valija común y por eso la impresora llegó rota en, al menos, cuarenta partes. Con su determinación habitual para las cosas que le interesaban, Benja se dispuso a pegar cada parte con La Gotita y las que no logró encontrar entre la ropa de su hermana las talló en madera en el taller de su padre. Una vez que la impresora quedó completa y en funcionamiento, lo primero que imprimió fueron las partes dañadas y así, en pocos días, tenía una impresora cero kilómetro, sin registros del descuido de su hermana. Mientras tanto el colegio andaba bien. Como había dejado de programar, podía dedicar lo mínimo indispensable y con eso le alcanzaba para "zafar" las materias. Mejor no seguir dando problemas, pensaba, ya que hacía poco sus padres le habían permitido dejar la medicación y si algo no necesitaba era tener más conflictos familiares. Mientras se dedicaba a la automatización del cuarto, empezó a ir a navegar más seguido con su papá: menos internet y más velero, al menos por un tiempo.

Con la navegación conoció a Constantino Abella, que además de ser un experto timonel era un gran amigo de su papá. En las excursiones por el Río de la Plata empezó a saber más acerca de este hombre libre, atípico, que conocía los secretos del río y tenía un taller para inventar toda clase de máquinas. Como el Nacional San Isidro era de escolaridad simple, Benja empezó a ir por las tardes a ese taller, donde se fabricaban muchísimas cosas, no todas de gran valor, y donde la estrella indiscutida eran las máquinas que certificaban la VTV de los automotores en la Ciudad de Buenos Aires y que a su vez financiaban los sueños de navegante de Constantino.

Aquel hombre era un gran inventor. En cierta oportunidad conoció a alguien que, en Inglaterra, le mostró un barco hermoso, entonces él le pidió los planos y de regreso a Argentina, sin nunca antes haber trabajado en el tema, alquiló un astillero y se dedicó a construir aquel barco, que al final aprobó los exámenes de prefectura y navegó sin problemas durante muchos años.

También era muy desordenado y, por lo tanto, su empresa era un cúmulo de complicaciones e ineficiencias. Durante las tardes, Benjamín empezó a poner orden allí, a generar sistemas para la administración, a implementar tecnología para automatizar las tareas, a gestionar procesos, a instalar computadoras, conectarlas en red, armar una página de internet, todo en un año y medio, después del colegio y mientras merendaba con mate y galletitas Rumba.

Al final de cuarto año comprendió que el colegio no era más que una formalidad, y como él odiaba las formalidades decidió que su escuela sería el taller, sus libros las máquinas y el rector, el genial Constantino Abella. Por otra parte, consciente de que su nuevo jefe no le pagaría un salario formal, decidió pedirle a cambio un curso en Digital House. Constantino accedió y le financió un programa de Desarrollo Web Full Stack, que Benjamín cursó en el que hubiera sido su último año de colegio.

Su objetivo no era aprender programación sino conocer gente: la vida en el taller de Constantino era interesante pero solitaria. Nico y Pancho, sus dos profesores en Digital, no tenían nada que ver con los docentes de los colegios que él había abandonado: aquí las clases eran divertidas, y cuando los profesores notaban que él ya sabía del tema, lo ponían como ayudante o le daban tareas más complejas.

Consciente de quién era el que financiaba sus estudios, Benja desarrolló un sistema de comunicación con la CNRT y las máquinas de VTV para que no se pudieran falsificar los certificados, y con eso Constantino estuvo feliz.

A medida que pasaba más tiempo en el entorno moderno y flexible de Digital House, Benja empezó a cambiar: por primera vez en mucho tiempo se sentía a gusto. Tenía libertad y le dejaban crear cosas, pero a la vez ya no era el más inteligente de la habitación y eso lo desafiaba. Cada vez se le hacía más difícil volver al taller. Constantino seguía con su práctica habitual de la reunión de cada día de ocho a nueve de la mañana para insultar a todo el equipo: Benja, que sentía que ya había aprendido todo lo que podía aprender, decidió renunciar. Al terminar el curso le ofrecieron trabajo en Huawei pero lo rechazó: quería pasar el verano en Uruguay para pensar, y salir con amigos.

A su regreso, en febrero, consiguió varios trabajos como programador, y así empezó a trabajar de forma independiente; si hasta pensó en radicarse en Uruguay y volver a Buenos Aires cada tanto, pero pronto descartó esa idea. La desventaja del trabajo independiente era su edad, pero Benja ya había aprendido, y cuando los clientes lo veían muy chico les decía que debía validar sus entregas con su jefe "Juan", para volver a la semana con todo solucionado por él mismo. Más allá de esas tácticas, era cierto que necesitaba sumar años a su currículum. Por entonces, su papá le ofreció una casita en San Isidro en la que él, a sus dieciocho años, podría vivir en forma independiente, con solo un ingreso fijo para pagar los gastos. Con un timing perfecto, Nico y Pancho volvieron a llamarlo y le ofrecieron ingresar a Digital House como software developer en el equipo de Sistema de Gestión Educativa. Como lo conocían, le prometieron desarrollar para ese grupo pero con la libertad de hacer cualquier tipo de locuras e inventos, siempre que atendiera las cosas básicas. Así fue como comenzó su aún breve carrera en Digital House: armó varios sitios web, implementó un código QR para el ingreso al edificio y actualmente Benja planifica las cursadas de los programas y utiliza un sistema predictivo para monitorear con inteligencia artificial el desempeño de los alumnos.

Así, sin darse cuenta, Benja, el hacker, el trasnochado, el que repetía el colegio todos los años, el paciente con fobia escolar, el que solo tenía título de primaria, se convirtió en lo que desde el comienzo había sido: un talento indiscutido. Un creador. Un genio.

7. Stephen

La escritura de este libro se extendió durante tres años: tal vez por ser mi primer libro, o tal vez porque en el medio salí del Gobierno y entré en Rappi, volví a trabajar en Brasil, empecé un commute quincenal entre San Pablo y Buenos Aires y fui tomando nuevos roles cada tres o cuatro meses, es decir nuevas responsabilidades que no reemplazaban sino que se agregaban a las anteriores.

Lo cierto es que, una vez que en Rappi estuve medianamente arriba de la línea de flotación, retomé la escritura. Así fue como en una cena con los de Rappi en lo de Ana Paula Bogus, por entonces compañera de trabajo y actualmente amiga y presidenta de Alpargatas en Brasil, solté el pedido en la mesa:

—¿Alguien sabe de alguna historia de alguien que haya sido repartidor de Rappi y luego se haya formado en tecnología? La respuesta llegó al unísono desde las dos puntas de la mesa:

—¡Stephen!

Días después entrevisté a Stephen via zoom (él en Bogotá, yo en Buenos Aires), y la que sigue es una de las historias más bellas de este libro.

"Actitud y sonrisa"

Un par de meses antes de cumplir veinticinco años Stephen había aceptado, por necesidad, un trabajo en la cadena Subway. Aunque allí lo trataban bien y el puesto era llamado "artista del sándwich", en realidad había poco de arte y mucho de sandwich. El trabajo en la cocina era duro, las horas eran muchas, el pago el mínimo y todo aquello no solo lo agotaba sino que iba en contra de lo que los libros le habían enseñado: no busques un empleo tradicional con un sueldo fijo sino generar tu negocio.

Stephen sabía lo que era luchar desde abajo. De niño, en la escuela, había debido sufrir el acoso de sus compañeros por ser gordito, por ser tímido y por el nombre que tenía. La escuela José María Carbonell era una primaria pequeña, con solo cinco salones y un patio, y Stephen había sido desde siempre el mejor alumno, por lo que estaba becado. En el último año de primaria le habían ofrecido, como hacían con los mejores alumnos, la posibilidad de lanzarse como personero de la escuela, y él, temblando de miedo, se presentó, en cada salón, ante los alumnos, muchos sus propios agresores, a leer sus propuestas.

Pero, como sucede en todas estas historias, en la de Stephen hubo un momento en que la situación dejó a la vista su genialidad. Al comprender que todos los personeros anteriores fracasaban por no cumplir sus promesas, Stephen decidió enfocarse en unas pocas acciones, concretas y fáciles de implementar: ponerle malla a la cancha de fútbol para que no se les fuera la pelota, complementar la leche que enviaba el Gobierno con dulces y galletitas a ser vendidas en una tienda administrada por un maestro distinto cada día y un paseo de fin de año para el curso completo.

Su campaña de cosas simples cautivó la atención de los alumnos y él, el menos popular de la escuela, terminó por ganar con una amplia diferencia. A la semana de ganadas las elecciones Stephen compró la malla con los fondos de una rifa que él mismo había organizado para recaudar dinero. Los profesores, sorprendidos, lo felicitaron y a lo largo del año él terminó por cumplir cada una de sus promesas de campaña. Así, dejó de ser bulleado y se volvió algo popular, lo que le resultaba extraño.

—Si alguien a usted lo molesta, me dice y yo me encargo —le dijo un día William, el líder de la banda más pesada de la escuela, y fue en ese instante que Stephen entendió que sí iba a poder hacer algo grande con su vida.

Los años de la secundaria pasaron rápido, con austeridad y sin mayor brillo, hasta que, en décimo de bachillerato, tuvo la oportunidad de estudiar reparación de computadoras, que no era exactamente programación, lo que él por entonces quería, pero aquello en Cali no era posible. Así, desde los quince comenzó a arreglar computadoras, aun sin tener él mismo una propia, hasta que sucedió la llegada a Colombia del show de Rebelde Way y todos sus amigos ya ahorraban para asistir, pero su madre le dio a elegir entre el concierto o la computadora y él, luego de pensarlo unos días, apostó por lo segundo.

Más tarde aplicó a la universidad para ser ingeniero de sistemas, pero no obtuvo el puntaje suficiente en el ICFES (examen nacional en Colombia); entonces buscó trabajo y consiguió uno como "digitador" en las Empresas Municipales de Cali, trabajo de ocho horas con el sueldo mínimo. Pronto lo echaron por una reestructuración y comenzó a trabajar como encuestador a domicilio, que le resultaba agotador, pero al poco tiempo conoció el negocio del "multi-nivel" y quedó fascinado. Entró en Amway, donde trabajó por cinco años. Aprendió a vender, escuchaba todos los audios y videoconferencias posibles y leía todos los libros que le recomendaban: *Cómo ganar amigos e influir sobre las personas*, *La Magia de Pensar en grande*, *Obtén el poder de cambiar tu vida*, *El cuadrante del flujo del dinero*, *Padre Rico, Padre Pobre…*

Luego de Amway, intentó aplicar aquellas ideas como vendedor de seguros, pero tras varios meses de no conseguir ventas suficientes, y como solo ganaba por lo vendido, se había visto obligado a tomar el empleo de Subway, que iba en contra de todo lo que había aprendido.

El día del 2 x 1, sus compañeros le advirtieron que sería el peor de todos. Para comprar en Subway había una fila interminable, y tras quince horas de estar parado haciendo sándwiches, Stephen decidió dejar esa vida aun sin tener ningún otro plan. Mientras pensaba en eso, debió atender al último cliente de la fila que era un guardia de seguridad del shopping. Stephen recordó los libros: actitud y sonrisa. Y entonces, a pesar de estar agotado, puso su mejor sonrisa y se enfocó en el cliente: en muchos sentidos él mismo sabía lo duro que era ser el último de la fila. ¿Qué tipo de queso desea? ¿Quiere estos tomates que son riquísimos? ¿Desea acompañar su sándwich con algo más? ¡Que lo disfrute y tenga una excelente noche! El guardia, sorprendido, le dijo que en sus quince años en el shopping nunca nadie lo había atendido tan bien, y Stephen entendió que ahora sí el ciclo estaba cerrado, que él debía buscar su destino.

A la mañana siguiente, su amigo Brian, que trabajaba como repartidor domiciliario en Subway, lo encaró.

—No estás comiendo bien, no lográs pagar el arriendo, tienes que intentar otra cosa.

Y esa misma tarde apareció en el Subway un muchacho con una mochila grandísima, de color naranja.

—¿Por qué no intentas eso? —le dijo Brian, y le pasó el número de un tal Sebastián Castellanos, de Rappi.

Sebastián, que había abierto la operación de Rappi en Cali unas semanas atrás, recibió un mensaje particularmente alegre y entusiasta de Stephen. Actitud y sonrisa. Lo citó en la oficina al día siguiente, le explicó el modelo de negocio con dedicación, le contó que si tomaba buena cantidad de pedidos, como repartidor podría ganar unos tres mil pesos colombianos más propinas. Y dijo las palabras clave para Stephen: ganarás tanto dinero como pedidos tomes, tú decides el tamaño de tus ingresos. Tal y como en los libros, pensó Stephen, y tomó el trabajo de rappitendero.

Rápidamente entendió que en esas épocas iniciales de Rappi, no ganaría por pedido sino por hora trabajada, y entonces empezó a anotarse en todas las horas posibles.

"Buenas tardes, yo soy Stephen, tu rappitendero del día de hoy". "Buen día, estoy recogiendo su pedido, no me tardo". "Buenas noches, en el restaurante están algo demorados pero pronto llego con tu comida calentita".

Y al entregarla, siempre una sonrisa, así lloviese y estuviese bañado por dentro del uniforme, porque los libros explicaban que los clientes siempre aprecian una sonrisa. Pronto se hizo cierta fama y los usuarios de Rappi empezaron a exigir que el pedido lo entregara Stephen.

Sebastián sacó un concurso para ver quién era el mejor rappitendero durante los días de semana y otro para Navidad pidiendo a los rappitenderos que enviaran fotos con gorritos de Navidad junto a los clientes. Stephen ganó ambos concursos y se quedó con los premios, que eran dinero en efectivo.

Pronto lo enviaron a una capacitación en Bogotá para

—Yo empecé como rappitendero y luego de solo seis meses estoy aquí capacitándolos a ustedes —les explicaba Stephen—. Esta es la actitud de Rappi: meterle la ficha. Ustedes están sentados allí pero mañana pueden ser mi jefe —les prometía con algo de grandiosidad.

Por esas épocas, Sebastián se quedaba hasta las tres o cuatro de la mañana haciendo cuentas para pagarles bien a los rappitenderos y luego a las siete ya estaba en la oficina para comenzar un nuevo día. Stephen lo admiraba. Pero luego de unos meses, y a medida que el negocio de Rappi se consolidaba, dejó de pagarse por hora y se pasó a pagar por pedido, con lo cual los ingresos de Stephen disminuyeron a unos valores más lógicos, pero que ya no le cerraban. Uber estaba llegando a Cali, y un amigo le propuso alquilar el auto de su madre y entrar a

Uber, y aunque le pareció la mejor salida, el plan pronto fracasó y se quedó sin trabajo nuevamente.

Un par de meses después, Sebastián cumplía años y los amigos de Rappi incluyeron a Stephen en el festejo. Él sin dudarlo lo abordó y le pidió trabajo en Rappi nuevamente.

—Hay una posición nueva de "agilizador de rappitenderos" —le dijo Sebas—. Te recibo con todo el amor del mundo pero con el salario mínimo, para crecer tendrás tiempo.

—Hágale —fue la respuesta de Stephen.

Su nueva función era reclutar a los rappitenderos, pero Stephen lo sentía como ser la mano derecha del líder de Operaciones. Pronto le pidieron cosas adicionales: "Stephen, ¿te quedas esta noche a subir tiendas al CRM?". "Claro que sí". "Stephen, ¿nos ayudas a capacitar a los Rappi tenderos". "Con mucho gusto". Actitud y sonrisa.

Luego de tres meses, Sebas y Felipe Racines, que era el city manager de Cali, anunciaron que se iban trasladados a México. Stephen se preocupó pero rápidamente Sebas le prometió una nueva oportunidad.

—Me pidieron un BI (analista de business intelligence) para reemplazar a Clara y yo dije tu nombre. ¿Sabes algo de SQL?

—No, pero aprendo.

Stephen buscó en internet y encontró unos cursos de SQL en la plataforma de Platzi, pero costaban ochenta mil pesos colombianos. Por indicación de Sebas subió a la oficina de Felipe, que aún estaba en Cali.

—¿Tú sabes SQL?

—No, pero aprendo. El curso cuesta ochenta mil pesos.

—Listo, Rappi te lo paga. ¿Cuánto te demoras en aprender?

—Prometo que no más de tres meses.

Aprender SQL no le resultaba fácil y ciertamente luego de tres meses aún no estaba preparado pero así y todo comenzó a trabajar como BI y lo que no sabía se lo explicaba Clara, u otros compañeros. Todos los días luego de hacer su trabajo, Stephen se quedaba estudiando, tratando de aprender lo que no le resultaba fácil, preguntando a los que sabían más que él. Pronto se hizo relativamente bueno y empezó a ofrecer ayuda a otras áreas. "Stephen, ¿puedes ayudar con este algoritmo para Supermercados?". "Claro que sí"."Stephen, ¿puedes sacar esta información para Joaquín Oliva?". "Con mucho gusto". "Stephen, ¿puedes armar un dashboard con información para la alianza con McDonald's?". "Por supuesto".

Así fue como un año y medio después, cuando se eliminaron las posiciones de BI en cada ciudad, Felipe designó a Stephen como BI de soporte al usuario, para todo Colombia. Y Stephen estuvo así un año más trabajando directo con Felipe, y se hizo conocido como uno de los mejores BIs de Rappi. Tanto es así que cuando sucedió la crisis de los rappitenderos en Bogotá, el propio Alejandro Galvis, por entonces head de restaurantes, lo llamó para ser el BI que trabajaría a su lado en el war room que habían montado en la oficina durante esas semanas difíciles.

El tiempo fue pasando y luego de tres años trabajando como BI, Stephen empezó a sentir que el trabajo ya no era difícil. Sacaba métricas para mejorar el soporte a usuarios y rappitenderos, obtenía data para inversionistas cuando se acercaban las rondas. El trabajo era muy pesado pero Stephen aprendía rápido. En cierta ocasión le pidieron viajar a Brasil durante dos semanas para hacer un estudio con los agentes y fue la primera oportunidad en que Stephen salió de Colombia. Y aunque no era requerido, él participaba en las calls diarias de Soporte al Usuario, donde se hablaba principalmente del negocio y él aprovechaba para aprender y ganar perspectiva. En esas calls siempre repetían que hacían falta programadores y les pedían a todos que por favor hicieran circular unos links para que sus amigos o conocidos se inscribieran para trabajar en programación. "Muchachos, tenemos vacantes, por favor si tienen desarrolladores amigos avísenles urgente".

Stephen juntó coraje y fue a hablar con Felipe una vez más.

—¿Crees que puedo aplicar a una de esas vacantes de programación?

—Depende de vos —le dijo Felipe—. Hacete varios cursos y yo pido que te empiecen a dar trabajo de programación.

Stephen siguió el consejo: tomó quince días de vacaciones y los dedicó a hacer todos los cursos que encontró en Platzi y otras plataformas. Se daba cuenta de que no sabía nada de programación pero también recordaba que unos años atrás no sabía nada de business intelligence y luego había logrado dominarlo.

—Ya estoy listo —le dijo a Felipe al regresar de las vacaciones, que no fueron tales.

El día que lo nombraron programador, el propio Alejandro Galvis lo llamó y, emocionado, le dijo que por personas como él es que ellos habían creado a Rappi. Ambos lloraron juntos.

Y aun así, el comienzo como programador no fue fácil. Una cosa es la teoría y otra la práctica. "Pero yo voy a poder", se repetía a sí mismo. Y aunque al principio la pasó mal, a los pocos meses empezó a sentir cierta seguridad. Uno de los primeros proyectos relevantes fue un proyecto para instaurar el soporte para usuarios vía WhatsApp. La idea era que los usuarios pudieran escribir a soporte y un bot le permitiera automatizar ciertas respuestas y luego un agente entrara a resolver las más complicadas. El proyecto fue exitoso y la métrica de NPS (net promoter score) de los usuarios se disparó. Stephen tomó confianza una vez más.

Aprendió a trabajar con el lenguaje de Javascript y el framework de Node.Gs. Aún no es de los mejores, según él mismo me explica, pero lleva un año y medio programando y ya es, muchas veces, encargado de entrenar a los nuevos ingresos.

—Aunque ellos sepan más de Javascript, no conocen a Rappi —me asegura.

Actualmente es parte del equipo de Authomations; trabaja para automatizar todas las interacciones entre los usuarios y las plataformas de Rappi.

Cuando le pregunto, me contesta que trabajar como desarrollador le cambió la vida de muchas maneras. En primer lugar, porque gana cinco veces más de lo que ganaba como Rappi tendero y dos veces más de lo que ganaba como BI, pero lo más importante es que está solo en el inicio de su carrera.

—Gané un nuevo horizonte —me dice lleno de orgullo.

Y es que como Stephen me explica, ser programador es, fundamentalmente, aprender a resolver problemas.

Los lenguajes de programación no son tan importantes porque sabe que cualquier lenguaje puede ser aprendido con unas buenas semanas o meses de dedicación.

—Quejarse es algo natural del ser humano pero yo trato de evitarlo —me explica—. Quejarse es solo plantear un problema que yo ya conozco, y eso no me trae una solución. Si me quejo voy a tener una vida muy triste —me dice con convicción—. En lugar de eso, yo trato siempre de planear cómo salir de donde estoy.

Cuando le pregunto acerca de su futuro, Stephen lo vislumbra muy cercano al mundo cripto. Actualmente estudia blockchain y quiere aprender a desarrollar aplicaciones en la tecnología de criptomonedas.

—En 2022 quiero aprender a programar en blockchain —me anticipa—. Sé que será difícil pero la frustración del comienzo siempre es temporal —me explica una vez más.

Y aunque no puedo evitar tratar de averiguar si será una frase de uno de sus libros de autoayuda favoritos o si será de su propia cosecha, luego entiendo que poco importa: Stephen lo cree firmemente. Y son esas convicciones las que lo llevaron hasta aquí. Actitud y sonrisa. Y creer.

8. Lorena

No he conocido un trío más interesado por la educación en tecnología que el de las fundadoras de MindHub. Cuando las conocí quedé impactado con el entusiasmo que las desbordaba y también con el hecho de que no respetaran en lo más mínimo los espacios para hablar de cada una; se interrumpían todo el tiempo y, para mi sorpresa, parecían cómodas con esa dinámica. Con el tiempo comprobé que eso era lo de menos, que esas tres mujeres ya habían recorrido un largo camino juntas y que la pasión que las unía era más fuerte que sus eventuales diferencias.

Cuando les comenté que tenía la idea de este libro, sucedió uno de esos momentos singulares en que las tres coincidieron y dijeron al unísono: Lorena. Vanessa tomó la palabra y me explicó que debía escribir la historia de una chica llamada Lorena, que estaba plagada de coincidencias inexplicables, una chica con la vida muy complicada ante quien, por obra del destino, Vanessa se había encontrado con la oportunidad de ayudar. Y, como suele suceder en estos casos, quienes al fin terminaron por recibir la lección de vida fueron ellas mismas.

Advierto al lector que conocer la historia de Lorena puede reordenar irremediablemente su perspectiva acerca de lo que es "difícil" en la vida.

"Sentate y dale"

—No sé si puedo —le dijo Lorena a su papá, parada frente al asiento del conductor de la combi con la que irían a Chile en un viaje familiar, y si Lorena tenía miedo era por dos motivos: uno, ella tenía quince años y no sabía manejar, y dos, por una discapacidad de nacimiento tiene muy reducida la movilidad de su brazo derecho.

Los psicólogos dicen que los padres educamos a los hijos más con la acción que con la palabra. Desafiando las teorías psicológicas, lo único que le dijo su papá Antonio fue "Sentate y dale". Y con esas tres palabras marcó a su hija para siempre.

Lorena es hija de Antonio y Sofía, sanjuaninos que fueron a vivir a Buenos Aires por un trabajo que él consiguió como mecánico de la línea 29, en la época en que los colectivos tenían dueños particulares, algo que se convirtió en su aspiración y luego en su logro ya que, antes de jubilarse de la empresa, alcanzó a comprar no una sino dos unidades.

Al momento de dar a luz, Sofía sufrió una parálisis obstétrica y debieron practicar una maniobra de urgencia, producto de la cual el brazo derecho de Lorena quedó dañado de por vida. Y si bien hay cosas que ella nunca pudo hacer, como por ejemplo estirar el brazo, extender la mano o cualquier ejercicio de motricidad fina como tipear, su discapacidad resulta apenas visible y nunca sufrió ningún tipo de discriminación ni tuvo complejo alguno al respecto. Ella dice que es porque no se nota, pero también puede ser por la fuerza de su personalidad.

Antonio se esforzó por darles lo mejor a sus hijos, y así Lorena asistió a colegios privados tanto en la primaria como la secundaria, y aunque al egresar se anotó en el CBC para ser contadora, pronto descubrió que esa opción "lógica" no era lo que quería y junto con su hermana se inscribieron para dar el examen de ingreso a la carrera de Sistemas en la UTN. Y aunque el primer intento no prosperó, luego se prepararon mejor y al año siguiente fueron admitidas.

Al terminar el colegio, Lorena también comenzó a trabajar en la venta de unos sistemas de emergencias médicas. Ya entonces tenía experiencia laboral, porque desde sus dieciséis había trabajado como asistente de su tía bioquímica, aprovechando, según me explicó, que "durante las tardes no podía hacer gimnasia en el colegio por la discapacidad". Y ese pasaje de su vida no sería memorable de no ser porque allí conoció a Marcelo, que a sus veinte años ocupaba el primer puesto del ranking de ventas de la empresa y la deslumbró al punto de que Lorena pronto quedó embarazada de Karen.

Las familias se juntaron y decidieron que los chicos vivieran en la casa de los padres de él, y que a Lorena le pondrían un quiosco en la ventana para que pudiera quedarse en la casa, cuidar al bebé y tener un ingreso.

Si a esta altura del relato ustedes pueden creer que la historia de Lorena era complicada, les advierto que lo más difícil aún no le había llegado: Lorena, con su discapacidad, a los dieciocho años dio a luz a Karen, que nació con una grave parálisis cerebral: una lesión frontal en el cerebro que afecta el lado izquierdo del cuerpo pero también otras funciones generales como el equilibrio, el control de esfínteres, el habla, la lectura, la escritura, la capacidad de deglutir la comida y la motricidad derecha.

Lorena entonces pensó que no había tiempo para lamentarse: tenía una beba a la que aplicar procedimientos costosos, y necesitaba buenos ingresos en forma urgente. El quiosco empezó a prosperar cuando a ella se le ocurrió sacar unos metegoles a la vereda y los chicos del colegio de la esquina empezaron a frecuentarlo todas las tardes. Se turnaba con su hermana para poder tenerlo abierto desde la siete de la mañana, antes de que los chicos entraran al colegio, y cerrar a las diez u once de la noche, porque algunos muchachos se quedaban hasta esa hora jugando al metegol y tomando cerveza. Por las tardes, estudiaba para la UTN.

Con eso su situación lograba cierto equilibrio, pero las cosas volvieron a complicarse cuando el ambiente de la cuadra se puso más pesado. Llegaban chicos más grandes a usar los metegoles, tomar cerveza, fumar, y si bien el consumo era bueno para el quiosco, los vecinos empezaron a hacer denuncias. No pasó mucho tiempo hasta que Lorena debió cerrar el quiosco. En paralelo, las cosas con Marcelo se complicaban: la crianza de una hija discapacitada, las finanzas familiares que no cerraban, los padres en el medio, todo complotaba para que el joven matrimonio terminara casi junto con el cierre del local.

Lorena necesitaba trabajar, y un tío le ofreció empleo en su negocio familiar, que era una fotocopiadora en frente de la Facultad de Ciencias Económicas de la UBA, en el barrio de Once. Primero ella empezó repartiendo volantes para promocionar las fotocopias, pero luego, por insistencia de su tío, se animó a probar operando la fotocopiadora. La dinámica de aquello no resultaba sencilla, puesto que se trataba de una máquina de alta velocidad y Lorena debía darse maña con su brazo izquierdo. El tío no la dejó dudar, y al tiempo Lorena terminó por volverse la operadora más rápida del local: con la mano izquierda pasaba las hojas y con el brazo derecho empujaba el bloque. Le daban los trabajos más difíciles, los que requerían manejar la tecnología de aquella máquina y a Lorena le fascinaba. Pero si bien el trabajo funcionaba, la combinación de esas largas horas con el cuidado de Karen hizo que resultara imposible seguir la carrera en la UTN y, tras pensarlo mucho, al fin la abandonó.

Las rehabilitaciones eran muchas y algunas en consultorios lejanos, y entonces o bien su padre debía llevarla, o en otras ocasiones la plata del sueldo se le iba en taxis, de modo que Lorena decidió empezar a ahorrar para comprar un auto.

—Aprendé a manejar, porque un día voy a ser viejo y no voy a poder llevarte —le dijo Antonio un día, fiel a su método de formar el carácter de su hija sin una pizca de pena. Lorena se metió en un plan, y en un par de años sacó un Megane 1.0; si bien aprendió a manejar, luego de seis años en la fotocopiadora le pareció mejor idea incorporar una nueva línea de ingresos y contrató a un chofer para poner el Megane a trabajar como remís.

Lo del remís empezó a rendirle más que el trabajo en la fotocopiadora, trabajo que Lorena decidió dejar para ocuparse full time de Karen, que a sus diez años ya empezaba a tener muchas más terapias. Pero sucedió que poco después el chofer renunció al conseguir otro trabajo, y el auto quedó parado hasta que una tal María Elena, vecina de la cuadra, fue diagnosticada de cáncer y al tener que hacer un tratamiento todos los días, le pidió a Lorena que la trasladase. Lorena aceptó, más que nada para ayudarla, y así, sin quererlo, comenzó un nuevo empleo, ahora como remisera.

Algún lector desprevenido podría pensar que a Lorena le faltaba una aptitud básica para ese empleo, pero ella compensaba la falta de movilidad de un brazo con un exceso de actitud: acompañaba a su clienta hasta la sala de terapias, luego la buscaba allí mismo, la ayudaba a bajar las escaleras y a subir al auto. María Elena pronto se ocupó de que todas las mujeres del barrio considerasen a Lorena, con su especial trato y dedicación, la mejor opción para sus traslados. Los dueños de una pizzería en Balvanera la emplearon para llevarlos y traerlos los viernes y sábados, y una madre para trasladar a su hija al colegio. Pronto Lorena tenía casi todos los horarios ocupados y en un trabajo que, además de darle un muy buen ingreso, le otorgaba la flexibilidad que necesitaba para cuidar de Karen.

Cuando las aplicaciones llegaron al país, su hermano le recomendó meterse en Cabify, un simple consejo que a Lorena le mejoró la vida: Cabify era cómodo, trabajaba en el horario que podía, luego de llevar a Karen al colegio se daba de alta y comenzaba. En general salía tres o cuatro horas por noche y así ganaba lo suficiente para mantener una vida modesta.

Cuando Karen terminó una intensa etapa de rehabilitaciones y pudo ingresar a un colegio especial, Lorena entendió que era momento de volver a estudiar. Encontró una publicidad de un curso de MindHub para formación como Programador Full Stack, con becas completas del Gobierno de la Ciudad de Buenos Aires, y pensó: "Es exactamente lo que quiero".

Aun con los nervios propios de saberse frente a la posibilidad que había esperado por mucho tiempo, se presentó animada a dar los exámenes. No sabía cómo iría a asistir porque debía llevar a Karen al colegio y el curso era de 8,30 a 14 h; cuando preguntó, le dijeron que si ya sabía que no lo iba a aprovechar completo que considerase dejar el lugar a otra persona, pero Lorena tuvo una intuición: no sé cómo, pero voy a poder. Y así fue que cuando fue a ver qué sede le había tocado comprobó que de todas las sedes posibles le había tocado precisamente la de la calle Delgado, a cinco cuadras del colegio de su hija. "No puedo tener más suerte", pensó.

El curso era difícil e intenso, había que ponerle muchas ganas: cubría front end y back end concentrados en solo un semestre. Ella casi no dormía, porque después de cursar se iba corriendo a buscar a Karen para llevarla al centro de rehabilitación y luego a trabajar de noche dos o tres horas con el remís. Eran días largos y Lorena se repetía: "Voy a poder".

Con esfuerzo logró terminarlo, y el día de la entrega de los certificados, luego de dejar a su hija en la escuela, decidió que, en lugar de ir a la entrega, trabajaría todo el día con viajes de Cabify porque ese mes no llegaba con la plata. Le tocó un viaje de Belgrano a Aeroparque, subió una mujer con su familia y empezó a hablar por teléfono en voz muy fuerte. Lorena no pudo evitar escuchar que la mujer hablaba de un evento en IBM.

—Perdón que te escuché la charla; mencionaste IBM y yo justamente ahora debería estar allí —le dijo venciendo su habitual timidez.

—¿Por qué? —le preguntó la mujer—. Porque hice un curso, y hoy me recibí, pero debía salir a trabajar.

La pasajera, que no era otra que Vanesss Taiah –una de las fundadoras de MindHub–, perpleja por la coincidencia, le preguntó por qué trabajaba en Cabify, y Lorena contó algo de su historia, le habló de Karen. Vanessa y el marido estaban emocionados: de pronto la llegada tarde a Aeroparque cobraba una importancia mucho menor.

—Vos vas lograr conseguir trabajo en Sistemas —le dijo Vanessa, y su marido fue un paso más allá:

—Ahora sí, quedate tranquila porque con Vanessa todo es posible.

Vanessa cumplió con su promesa y tomó el caso de Lorena en forma personal: contactó a la gente de Accenture, donde ella había sido socia y donde por coincidencia trabajaba la hermana de Lorena, y luego de varias charlas acordaron evaluar la posibilidad de abrir una vacante part-time, ya que ella no podía trabajar el día completo porque debía cuidar a Karen.

A las dos semanas, Vanessa invitó a Lorena a ser oradora de un evento en el cual MindHub competía por un premio y debían llevar testimonios de alumnos. Lorena esperaba en su banco para subir al palco del auditorio cuando recibió un WhatsApp de su hermana, que por entonces iba todos los días a consultar a la oficina de Recursos Humanos de la empresa: "Lore, ¡quedaste en Accenture!".

Antes de subir, se le tiró encima a Vanessa y en un abrazo le dijo:

—¡Vane, ¡me tomaron!

Vanessa tenía los ojos bien abiertos y se le caían las lágrimas. Lorena subió al escenario y conmovió a todos con su historia y el remate:

—¡Y me acabo de enterar que conseguí trabajo!

A sus cuarenta y dos años, Lorena comenzó en Accenture en lo que se llama "la escuelita", donde le enseñaron lenguajes que complementan lo aprendido en MindHub. Con la llegada de la pandemia pudo trabajar full time en forma remota y la asignaron a un proyecto en YPF, primero como desarrolladora de código en back end, luego resolviendo bugs con C Sharp, y como se fue volviendo buena, la pasaron al área de Mantenimiento, donde necesitaban perfiles con cierta experiencia.

En su primera evaluación anual le preguntaron si ella se creía merecedora del bono y ella dijo que no, que aún no estaba rindiendo en el nivel que pretendía. Sus jefes le dijeron que ella era demasiado autoexigente, y de hecho, al entrar un grupo nuevo, la asignaron para orientarlos.

En el cierre de nuestra conversación, Lorena me dijo que se sentía realizada por haber conseguido finalmente trabajar en Sistemas:

—No importa la edad y las vueltas que tuve que dar para llegar, porque al fin lo logré. Aún hoy, de vez en cuando intercambio mensajes con Vanessa —me dijo, aunque también me confesó que todos los días piensa en ella, la mujer que le cambió la vida.

—Cuando yo encaro algo, siempre trato y trato y pienso que, así sea más tarde, algún día lo voy a lograr —me dijo Lorena.

—Recuerdo que cuando empecé en la fotocopiadora le decía a mi prima que cuando tuviera un auto la iba a pasar a buscar para dar una vuelta… Debo ser una persona con suerte —me dijo con una sonrisa.

Y yo, que no creo en la suerte, me sequé las lágrimas y la felicité desde lo más profundo de mi corazón.

PARTE II

Hasta aquí fueron las ocho historias de quienes cambiaron su vida gracias a la tecnología, pero este libro no estaría completo si no contara también con la perspectiva de los otros iniciadores de esta revolución: los emprendedores digitales que están cambiando el mundo, los que soñaron en grande e hicieron sus sueños realidad para beneficio propio, de los ocho anteriores y de muchísimos más que vendrán en el futuro (tal vez también de quien lee).

Como ya expliqué, desde hace más de veinte años trabajo en organizaciones, liderando equipos y sacando proyectos adelante. Digo organizaciones porque trabajé en consultoría, en empresas, en el Gobierno y en las Naciones Unidas; y digo proyectos para no explicar las dos mil cosas en las que me metí, de todo tipo y color, siguiendo mi interés por las personas en el mundo del trabajo, y con una línea zigzagueante que por momentos solo yo entendía.

Es por eso que este libro, al ser el primero que escribo, lo pensé como un proyecto y no como un libro. Al fin y al cabo, tampoco estaba seguro de escribir lo bastante bien como para que alguien quisiera leerme, pero sí estaba seguro de que podía armar un proyecto capaz de movilizar personas (y, en especial las indicadas) para fomentar en Argentina el talento digital.

Entonces recurrí a mi capacidad de generar contactos (y a mi caradurismo) para sumar e involucrar en este proyecto a un gran grupo de líderes. ¿Cuál es la idea? Que todo lo recaudado por derechos de autor con este libro sea destinado para pagar el diez por ciento inicial para un curso de Programación en una de las mejores academias digitales de Argentina, mientras que el noventa por ciento restante lo pagará el alumno/a una vez que haya concluido el curso y conseguido un empleo digital. Los alumnos beneficiados serán miembros de la comunidad de La Juanita en La Matanza.

Como soy psicólogo, siempre me resulta interesante ver los temas desde perspectivas distintas, y por eso quise aprovechar también este libro (o este proyecto) para entrevistar a ocho grandes referentes en el tema digital.

El hallazgo fue que, además de con líderes admirables, me encontré con personas que, más allá de sorprenderme con ideas poderosas e inteligentes, me enseñaron varias lecciones de vida, ya que todos ellos están en la tarea de construir algo grande, en general ligado a la tecnología y a las personas. Y fundamentalmente porque todos pasan por la vida con una misión.

Diego Sehinkman, que además de ser un reconocido periodista es mi genial terapeuta desde hace años, me presentó a Toty Flores, con un generoso mensaje de voz que Toty respondió en cuestión de segundos.

Alguien siempre tiene que ser el primero y ocupar así el lugar más importante, el de creer en la idea cuando todavía es apenas eso, y si algo puedo decir de Toty es que es un soñador: desde el comienzo el proyecto le resultó genial. Dijo que contactara a una de las chicas que trabaja con él y fue con ella que coordiné el encuentro presencial en la sede principal de La Juanita en La Matanza, aun con pandemia y todo, porque "acá la pobreza no puede esperar", según me explicó luego él mismo.

Seguí con las fundadoras de MindHub: Patricia, Alejandra y Vanessa, a quienes conocía de mi paso por el Gobierno Nacional. Como ya conté, es difícil pensar en tres mujeres con más pasión y energía. En plena pandemia, la charla fue por zoom, cada una desde su casa y yo desde la mía. La cercanía de una relación que había empezado hacía un par de años era muy grande, con una confianza como si nos conociéramos de toda la vida. Además de la alegría por el reencuentro, la charla fue rica y me dio el shock de energía que necesitaba para creer en la idea del libro.

Unos días después decidí redoblar la apuesta con estas entrevistas: busqué a Toty y le pregunté si podía contactarme con Juan Campanella, de quien él es muy amigo y con quien hizo el proyecto de incluir programadores de La Juanita para la película Metegol. *Lo hizo de inmediato. El whatsapp de Campanella dice algo así como "si no te contesto, insistí", de modo que le mandé mil mensajes, hasta que le dije "no me contestás pero tenés eso puesto en tu whatsapp y, si algo soy es insistente". Le causó curiosidad, o le pareció simpático, y entonces me mandó un muy amable mensaje de voz, en el que decía que el proyecto le interesaba, y combinamos un horario, pero luego él no pudo; acordamos volver a coordinar... y luego silencio de radio por varios meses en los que no dejé de insistir.*

Para contar con la opinión de los fundadores de los mayores startups digitales de Argentina y Latinoamérica, empecé por Sebastián Mejía, cofundador de Rappi. Sebas vive a mil pero trabajamos juntos hace varios años; desde hace poco es mi jefe, tenemos mucha confianza, y me dio una entrevista lindísima.

A Alec Oxenford, fundador de OLX, también lo conocí cuando yo estaba en el Gobierno. Conocer a alguien en un contexto y luego pedirle una colaboración en otra situación es casi lo mismo que nada, no hay ninguna garantía de que el otro vaya a querer sumarse, por lo que hay que ser caradura pero

*también inteligente al momento de hacer la propuesta. No te-
nía cómo contactarlo más que por Linkedin: le escribí con poca
esperanza y no me hizo caso. Entonces me puse a seguirlo en
Instagram, para luego volver por Linkedin y entonces sí me respondió, de modo que pasamos a whatsapp. La idea le gustó,
le mandé un brief del proyecto y accedió a darme la entrevista.
Fue una charla súper interesante y también difícil, porque yo lo
escuchaba pésimo: él caminaba por la costanera de Copacabana
y yo tomaba nota en un ruidoso café de Polanco, en México,
donde estaba por trabajo.*

*Con Alec, Sebas y Toty adentro, ya me sentía más confiado
en mi capacidad de llegar a incluir en este libro a los número
uno del tema digital.*

*Seguí por Guibert Englebienne, cofundador de Globant.
Siempre que quiero abordar a alguien me siento y evalúo los tres,
cuatro o cinco caminos posibles, para luego elegir el más fácil y
con mayores chances de éxito. Con Guibert fue sencillo porque
me acordé de mi amigo Nacho Marsellán, que, tras haber sido
headhunter toda la vida, hacía un par de años se había pasado
a Globant y trabajaba cerca de Guibert. En dos semanas obtuve
la entrevista, y fue una de las mejores.*

*Un domingo cualquiera estaba viendo TN y vi cómo aplau-
dían a Esteban Bullrich al despedirse del Senado, consecuencia del avanzado estado de su enfermedad. Esteban había sido
ministro de Educación cuando yo era subsecretario de Agenda
Digital, y entonces recordé que yo había hecho proyectos con la
Fundación FORMAR, de la que él era fundador, y que en consecuencia tenía relación con Mercedes, la directora de la Fundación. La llamé, le conté el proyecto y le mandé el brief. Mercedes
me dijo que Esteban estaba muy mal pero que ella haría el intento de hablar con su secretaria. A las dos semanas me escribió
exultante: Esteban, interesado en el proyecto, quería ser parte.*

Mandé las preguntas por whatsapp, la secretaria se las haría llegar y él contestaría no sé cómo, pero lo importante era captar su pensamiento y poder incluirlo en este libro. Pasaron semanas sin respuesta, y seguí insistiendo, al tiempo que Mercedes me contaba que Esteban estaba cada vez peor. Me quedé con la satisfacción de saber que él llegó a interesarse en mi proyecto, y seguí con admiración todos los pasos que dio luego al librar su propia batalla para encontrar la cura del ELA.

En un viaje por trabajo a Colombia salí a cenar con Samantha y Calalo, dos grandes amigos bogotanos a los que conozco de la época en que vivimos en Colombia, y ellos me presentaron a Adriana Suárez, íntima amiga de Samantha, y a su marido. Ambos eran simpáticos y divertidos, y resultó que Adriana además era fundadora de un Venture Capital enfocado en early stage startups. Al tiempo, ella me escribió para ver si podíamos hacer algo juntos y entonces hice lo de siempre: pensar primero en cómo podía ayudar yo. En una llamada con Adriana y su socia Gabriela se me ocurrió armarles un grupo de directores de Recursos Humanos de Argentina y Latam para que sus startups pudieran hacer pitch de sus proyectos, como un foro de alto nivel para conectarlos con las empresas. Hablé con mi amiga Silvana Zenere, headhunter y miembro del board global de Spencer Stuart, y la idea le encantó. Ya con eso resuelto, pensé en cómo podría ayudarme Adriana y la respuesta era clara: la entrevista con Marcos Galperín. Difícil, me dijeron. "Si no lo fuera no pediría ayuda", respondí medio en broma medio en serio. La entrevista nunca se produjo, o al menos no en los tiempos en que yo debía entregar el libro.

Cuando el trabajo te apasiona, inevitablemente se mezcla con la vida. Es lo que siempre me pasa: cuando me enamoro de un proyecto, lo tengo presente en cada cosa que hago, y las ideas me llegan en los momentos más random. Estando en San Pablo mi amigo Santiago Ayerza me invitó a cenar junto con un amigo en común: Sebastián Mackinlay, quien me había indicado uno de los entrevistados para este libro y por entonces presidente de Digital House en Brasil. Luego de la cena, Sebastián me consiguió en dos semanas la entrevista con Nelson Dubosq, fundador de Digital House.

Lo que sigue son las entrevistas a estos líderes. Fueron breves, y traté de extraer de ellos lo fundamental, así como de contagiarles mi entusiasmo por esta iniciativa y hacerlos parte.

Hasta el final del libro seguí buscando a Campanella. Tal vez uno de estos días me responda y entonces publicaré sus respuestas de alguna forma: tal vez lo incluya en un próximo libro. Como dice su whatsapp (y mi ADN) "Nunca hay que dejar de insistir".

1. Toty Flores

Héctor (Toty) Flores es uno de los más respetados políticos y dirigentes sociales de la Argentina. Amable, apacible, educado, siempre con una sonrisa, Toty es alguien encantador.

Es fundador de la Cooperativa La Juanita y concejal del partido de La Matanza desde 2021. Fue diputado nacional, representando a la provincia de Buenos Aires en dos oportunidades (2007-2011 y 2017-2021). Es líder del Movimiento Humanista de Resistencia y Construcción y presidente del partido político bonaerense Movimiento Social por la República.

Fue compañero de fórmula de Elisa Carrió como precandidato a vicepresidente de la Nación, representando a la Coalición Cívica ARI, dentro de la interna que disputó junto con la Unión Cívica Radical y el PRO en las PASO de 2015.

Toty trabaja desde los nueve años y vive en el mismo barrio de siempre, en la localidad de Gregorio de Laferrere, a pocas cuadras de la cooperativa.

1. Toty, BCG estima en América Latina un gap de 500.000 talentos para la industria tech. ¿Por qué no se logra cerrar esa brecha cuando tanta gente necesita trabajar?

Lo primero que se me ocurre es que nuestra sociedad es prejuiciosa. Hay prejuicios que están muy instalados culturalmente y que cuesta encaminarlos. Ni siquiera digo resolverlos, pero al menos encaminarlos hacia algún lugar. Lo que hizo fuerte a La Juanita fue justamente romper prejuicios.

Con relación a la tecnología nosotros también teníamos ese prejuicio de que los chicos del barrio no iban a poder, que era algo reservado para otros sectores sociales. Quien nos abrió la cabeza fue Juan Campanella, el director de cine. Nos explicó la importancia de los oficios, no solo el trabajo de programador, sino todos los otros. Sucedió que, para una película que estaba haciendo, nos pidió venir acá para entrevistar a unos chicos nuestros que habían estado en la cárcel. Y realmente habían estado en la cárcel por temas menores; yo mismo dudaba de que él fuera a sacar mucha inspiración de allí. Juntamos cuatro o cinco, a los que entrevistó, pero los pibes pensaron que era un casting y se esmeraron y agrandaron las historias, exageraron. Él se dio cuenta pero se quedó impresionado con la creatividad de los chicos, y al tiempo, cuando empezó a desarrollar la película *Metegol,* volvió a hablarme pero entonces para pedirme chicos que trabajaran en los oficios digitales necesarios para la animación. Yo no entendía y Juan me explicó que *Metegol* era como un edificio (no te olvides de que yo era operario). Y que el argumento era el plan de trabajo, pero si los escritores del guión eran cuatro arquitectos, luego harían falta cuarenta maestros mayores de obra y cien obreros. Para Metegol necesitaban contratar a quinientas personas; eran oficios digitales y Juan estaba empecinado en que fueran chicos de acá. Tuvimos que romper el prejuicio, y así lanzamos el primer Potrero Digital. Un potrero es eso, juegan todos y ahí se va viendo si alguno tiene una cualidad distinta, ese jugará en primera (será un programador especial), pero los otros igual jugarán. Fue Juan quien nos abrió el panorama de lo que se podía hacer, y bueno, nosotros somos de experimentar rápido, así que pronto lanzamos los potreros digitales que hoy ya están expandidos con veinte puntos de desarrollo.

2. ¿Por qué un chico o una chica que está fuera de la industria debería interesarse por el mundo digital como una salida laboral?

Tenemos chicos que ya están trabajando en Accenture, en Oracle… Hace poco fui a ver unos que trabajan en Digital House, entrás y parece que estás en la NASA. Yo no conocía la importancia que tienen los oficios digitales, los chicos deben verlo y nosotros trabajar mucho para levantarles la autoestima. Mostrar ejemplos en el barrio de que ellos lo pueden hacer, porque eso se contagia. Algo muy impresionante es que lo digital hizo que setenta y cuatro personas que trabajaban en el call center en La Juanita, cuando llegó la pandemia y el confinamiento, se pusieran a trabajar remoto desde la casa. En principio pensaban que no podrían hacerlo pero lo lograron. Y te estoy hablando de gente que vive en asentamientos, a los que les hicimos un box de madera dentro de la casilla y ahí están trabajando para un Call Center, por ejemplo para Banco Santander, para Oracle, para Accenture. Usan el wifi que pueden, no todos tienen todo el tiempo estabilidad en la conexión. Sin recurrir ni a un solo peso del Estado, trabajan seis horas y ganan un sueldo razonable, y ya seleccionaron algunos para que vayan a trabajar a estas empresas en otros puestos, y así irán creciendo. Recuerdo que hace un par de años a un chico lo habían seleccionado para trabajar en Oracle y tenía que ir a Palermo (una hora y media de viaje en colectivo). Entonces empezó a poner excusas y llamaron a Silvia, mi hija, que trabaja conmigo en la Fundación, para decirle que el chico no tenía experiencia porque lo llamaban y él no contestaba y ni siquiera había preguntado cuál sería el salario, pero que habían visto que era muy talentoso y que querían ofrecerle un horario especial para que pudiera trabajar desde la casa por "tanto" dinero (que era bastante). Cuando Silvia escuchó la cifra del salario, directamente llamó a la madre. El chico entró en Oracle y le cambió la vida. Pero a veces es difícil para uno imaginar un futuro mejor y se necesita un empujón.

3. En términos simples, ¿qué características personales necesita una persona para ser exitosa en lo digital?

Yo siempre veo lo personal desde el núcleo familiar donde está el chico. Me parece que aquellos que están jugando en el celular o mirando las redes todo el día, no deberían ser reprimidos; al contrario, tenemos que pedirles que busquen algo útil, que hagan algo con eso.

Hace poco fui a Medellín y al visitar la biblioteca del barrio Santo Domingo me impresionó ver chicos de ocho, diez años, trabajando con la computadora. Traté de hablar con uno que no me prestaba atención, me puse atrás de él y le pregunté qué hacía y me dijo que estaba conversando con amigos. Le pregunté si era con amigos del barrio; entonces él se dio vuelta y me dijo: "No, no, son amigos del mundo". Y ahí lo entendí perfecto: el celular te saca del barrio directo al mundo, te da otra visión, porque nuestros chicos de La Matanza no conocen el obelisco pero las redes les abren la puerta al mundo. Y eso hay que incentivarlo, hay que conversar con ellos, explicarles los talentos que pueden tener, darles ejemplos de personas que salieron de la marginalidad, darles la posibilidad de buscar nuevas alternativas.

4. ¿Es difícil abandonar ese pensamiento de que no van a poder salir (de la pobreza)?

Es muy necesario. Ellos necesitan quebrar ese pensamiento. Yo siempre les digo que si superan eso van a tener libertad, y van a poder ser creativos. Les digo que no es malo estar todo el día con el celular si lo hacen positivamente. Eso no quita la necesidad de la educación en el sentido tradicional, pero el celular "con sentido" debe ser incentivado. También creo que hay momentos sociales. La experiencia del cambio de gestión de Cambiemos generó mucha expectativa de que eso se podía hacer. En el 2016 hubo más de dos mil inscriptos para cursos digitales con la idea de conseguir trabajo; luego, con la crisis cambiaria, eso se frenó. Pero ahora veo que la pandemia y la cuarentena motivó mucho, volvimos a tener más de mil anotados para cursos. Creo que hay indicadores de que la iniciativa social está surgiendo y es imparable. Lo que hay que incentivar es la búsqueda de quienes conduzcan esto. Es clave tener esos núcleos que orienten esa iniciativa, y ser muy claros con la gente: al día de hoy nadie me convenció de que se puede generar riqueza sin trabajo. Para el ascenso social es necesario educarse y esforzarse mucho.

Otra clave para quienes somos líderes es convencerse de que lograr el éxito es importante. Uno a veces va a un lugar y no quiere que dejen de necesitarlo, pero en el fundador tiene que estar eso. En la Argentina tiene que terminarse la pobreza, y si eso pasa ya no me van a llamar de la TV. Bueno, haré otras cosas…

5. Si no sabés nada pero tenés muchas ganas de arrancar en lo digital, ¿qué es lo primero que hay que hacer para aprender?

Hay que demostrar a los chicos con ejemplos concretos que la llave de su futuro la tienen ellos mismos. Los chicos aprenden rápido. Hace poco le pedí a un chico que pintara una pared del jardín de infantes. Él no sabía cuánto cobrar y le pedí que averiguara cuánto cobra un pintor. Al rato regresó y me dijo que eran tantos pesos el metro cuadrado. Y le pedí que sacara la cuenta, que viese cuántos metros tenía la pared. Me dijo que no sabía hacer ese cálculo, y otra vez lo mandé a investigar. Volvió enseguida y me dijo que había visto en Google que era base por altura. Y le dije "entonces vos sí sabés, vos tenés la herramienta, ahora lo que tenés que hacer es aplicarla". Trabajar la autoestima es esencial para resolver la pobreza.

En mi generación no era así. Vos eras pobre pero sabías que si conseguías un buen trabajo podías salir, y si después tenías una familia y mandabas a tus hijos a la escuela pública, aunque vos tuvieras apenas primer grado, pasabas a ser una familia de clase media. Eso se rompió con esta cultura de la supervivencia y veinte años de planes. Hoy hay un hartazgo, acá y en el mundo, y hay que buscar otra cosa. La tecnología es fundamental.

6. ¿Cómo es la relación de las personas pobres con el éxito?

Lo ven como algo reservado para otros. Aun teniendo éxito no se apropian de eso, lo ven como una casualidad: "Tuvo suerte". Porque esa cuestión de que no está bien, de verlo con malos ojos, está instalada. Creo que tiene que ver con una cuestión ideológica muy arraigada en nosotros. Que está mal ser rico, que todos tenemos que ser pobres, porque ser pobre es "sagrado", no sé… Eso habría que superarlo, cambiar ese aspecto cultural, premiar el esfuerzo. Yo siempre digo que vamos a hacer una disrupción de puro conservadores que somos. Porque esto es volver a las bases, volver a la Argentina de "m'hijo el dotor", solo que ahora será "m'hijo el programador…". Pero es eso: conseguís un oficio, después estudiás, conseguís un trabajo mejor, le das educación a tus hijos y un bienestar a tu familia.

Últimamente he hablado mucho con empresarios que se han fundido y tienen muy presente esta idea de volver a una Argentina del trabajo. Porque lo que te saca adelante es el trabajo. Y no es algo utópico, de hecho, es algo que ya tuvimos.

7. ¿Hay alguna tendencia social, por incipiente que sea, que ves hoy y te entusiasma a pensar así?

La pandemia fue un cachetazo. Aquellos padres que le decían a los chicos que estaban perdiendo el tiempo con el celular… bueno, luego fueron esos mismos chicos los que, cuando la familia se quedó sin ningún ingreso, se pusieron a diseñar páginas web y cobraban tantos pesos por página y con eso llenaban la heladera.

El prejuicio era "nunca vas a llenar la heladera porque estás todo el día con la compu o el celular". Pero los chicos durante la pandemia se unieron, empezaron a manejar las redes de los comercios que de otra forma no podían vender, crearon clubes de trueque a partir de páginas de Facebook, donde en los barrios populares hacían trueque de todo, desde cartucheras para el colegio o cosas para comer, hasta servicios. Entonces nosotros, para brindarles más herramientas, lanzamos cursos que duraban entre cuatro y cinco clases, bien breves y concretos. Para que, por ejemplo, los feriantes pudiesen ir a la plaza y seguir vendiendo; les explicamos cómo cobrar con Mercado Pago. También muchos chicos salieron a hacer reparto y cobraban con Mercado Pago. Los chicos y chicas aprendieron a hacer vivos en Facebook y vendían de todo, hasta ropa usada. Esas herramientas las dimos durante la pandemia en Potrero Digital. Lo positivo es que empezaron a identificar la tecnología como una herramienta cotidiana que permite resolver problemas, sus propios problemas, que en este caso era conseguir ingresos. Me encanta cuando les pregunto si están trabajando y ellos te lo dicen abiertamente y con orgullo "Sí, sí, ahora hago trueque, vendo por Facebook". Me encanta ese orgullo de cuando uno consigue un trabajo. Y en este caso es doble porque tiene ese peso de entrar a un mundo que parecía reservado para otros.

8. Por último, sabiendo que este problema es casi la razón de tu vida, ¿estás satisfecho con lo que vos personalmente estás haciendo para resolverlo?

Yo siento que estamos plantando un árbol, que yo participo en poder ayudar a plantar ese árbol, y que todavía tengo un mundo por delante. Me pone mal cada vez que aparecen las estadísticas de pobreza: estoy plantando un árbol, sí, pero… ¿cuándo surgirán los frutos? No lo sé pero tengo la satisfacción de haberlo intentado. Nadie puede decirme que no lo intenté. Eso me da tranquilidad, saber que estoy haciendo lo que corresponde, que a lo mejor en cincuenta años se va a lograr que el mundo cambie, que lo que hoy tengo como visión va a poder ser realidad.

Desde que quedé desocupado en los 90, y fundamentalmente desde 2001, cuando fundé la cooperativa, hay avances y retrocesos como siempre en la vida, y yo lo tomo como eso; es clave la relación con mi entorno y mi familia, que siempre me acompaña; parte del fruto de este árbol inconcluso es que Silvia, mi hija, y mi familia, se sumaron a esta obra y están de acuerdo con los sacrificios que implica.

Mi hija menor, Vanessa, que trabaja en una consultora, hace poco me mandó un mensaje que dice "Papá te amo y gracias por enseñarme la cultura del trabajo, que ahora la entiendo". Me emocioné muchísimo, y la hermana me dijo: "¡Te dice eso porque ganó su primer sueldo de no sé cuántos miles de pesos!" y yo me reía mientras le decía: "Bueno, es lo que queríamos, queríamos tan solo que tuviera éxito".

2. Sebastián Mejía

Sebastián Mejía nació en Colombia en 1984, y a sus diecisiete años fue a estudiar a España. Ya como alumno entendió de inmediato que lo suyo era emprender: así fue formando distintas empresas, experiencias tempranas que le sirvieron para costearse la universidad. Pronto se mudó a Nueva York, donde vivió hasta 2014.

Tras un breve paso por el mundo del investment management, Sebastián se enfocó con más detalle en las empresas de tecnología. Así surgió Grability, la primera empresa fundada junto con Simón Borrero, que introdujo el concepto de tirar productos a la canasta y que revolucionó, aun hasta el día de hoy, las compras online en supermercados. Al introducirse en el mundo del retail, Sebastián encontró barreras que no parecían poder ser superadas y entendió que, en Latinoamérica, la entrega de última milla era difícil, lo que por lo tanto representaba una gran oportunidad.

Así, en 2015, en Bogotá, fundó Rappi junto con Simón Borrero y Felipe Villamarín. Rappi nació con el propósito de simplificar la vida de las personas en las grandes ciudades de la región y a la vez generar una cantidad de oportunidades de ingresos para entregadores, comerciantes y emprendedores. La empresa, que fue definida como la SuperApp latinoamericana, ya tiene presencia en nueve países: México, Costa Rica, Colombia, Perú, Ecuador, Chile, Argentina, Brasil y Uruguay.

Sebastián fue incluido en la lista Bloomberg 50 de 2019, reconocido como uno de los emprendedores y líderes que definen el panorama mundial de negocios.

1. Sebas, BCG estima en América Latina un gap de 500.000 talentos para la industria tech. ¿Por qué no logramos cerrar esa brecha cuando tanta gente necesita trabajar?

Me gustaría mirar esa data desde la perspectiva de que tanto ha cambiado en los últimos cinco años porque puede ser que haya más trabajos tech, más empresas, más capital, etc., lo que puede generar muchos puestos vacantes porque se incrementa el numerador. Por otra parte es cierto que no tenemos suficientes personas con esa formación, pero creo que eso está cambiando mucho, hay muchos self educated, hay suficientes casos de éxito, la gente comienza a entender que si se pone a trabajar en esto va a tener una vida mejor. Entonces tal vez sea que mientras está subiendo el número de personas que se meten en la industria, no sube al ritmo que necesitamos y la pregunta es por qué. Creo que hay varias dimensiones de cómo responder esta pregunta. La primera es: esto es reciente. En Latam teníamos una industria más tradicional, no había escuelas para aprender programación fácil, veníamos de una base baja; en segundo lugar, es necesario tener más role models, gente que ha transformado su vida en tech. Eso es contagioso. Y por último, está la educación en sectores más marginales, donde la deserción todavía es alta: en Latam hay mucho que hacer a fin de mantener a las personas dentro de la educación formal.

En mi experiencia emprendiendo y en mi trabajo con nonprofits me di cuenta que no es en absoluto un tema de talento, de falta de IQ para aprender STEM, o formarse. Conozco demasiados ingenieros latinos que están rompiéndola en compañías world class. Creo que el hecho de que en nuestra región seamos tan recursivos y creativos es un edge: nosotros somos y tenemos que pensar fuera de la caja. Tenemos un mix súper lindo. Entonces creo que me iría por tener más role models, más infraestructura para que los chicos puedan estudiar sin tener que subsistir en paralelo, y me iría también por programas más prácticos: no creo que tengas que clavarte cinco años estudiando para aprender a programar, sobre todo siendo que podés aprender un programa primero, luego empezar a trabajar, y cada seis meses aprender un nuevo programa, para así ir formándote y ganándote la vida. Hay que invertir mucho en este tipo de educación. Yo he invertido en empresas como Coder House, y creo que más empresas de este tipo van a hacer la diferencia en Latam.

2. ¿Por qué un chico o una chica que está fuera de la industria debería interesarse por el mundo digital como una salida laboral?

No creo que haya otro sector donde puedas tener la posibilidad de impactar al mundo mejor que en tecnología. Específicamente en América Latina te permite construir productos que llegan a miles de personas, y les cambian la vida, se genera un impacto a escala. Creo que eso es muy único de tech, a todos nos mueve ser parte de algo más grande que nosotros mismos y no encuentro ningún otro sector en el mundo privado donde puedas aplicar tu inteligencia para resolver a escala los problemas de la gente.

En segundo lugar, creo que para el desarrollo personal no existe mejor lugar para trabajar con las mejores personas, las mejores empresas, el acceso a lo mejor de lo mejor, organizaciones que literalmente cambian el mundo. Creo que tech es espectacular, me motiva trabajar con personas inteligentes que están resolviendo problemas importantes. De hecho ese efecto de "la gente con la que trabajas" es tal vez lo más grande. Y por último está la parte económica. Acá vas a surfear una ola que te lleva, vas a llegar a muchos lugares diferentes que no sabés aún, pero apuesto que van a ser muy buenos lugares; estás montado en una tendencia en la dirección correcta, vas con viento de cola. Y si comparás las otras industrias con estos tres criterios, no hay industria que pueda ganarle a tech. Tal vez en otras también hacés plata, pero no vas a tener este impacto en el mundo.

3. En términos simples, ¿qué características personales necesita una persona para ser exitosa en lo digital?

Yo creo que hay un atributo vital que es ser curioso y tener la capacidad de ir profundo para aprender cosas. Hay diferentes niveles de ingenieros pero asumiendo que todos estamos en un nivel similar de IQ, tener curiosidad te va a llevar muy lejos. Nunca hubo un mejor momento para aprender porque están todos los recursos a tu alcance. Es un tema de cuánto quiero meterme en este mundo, qué sacrificios estoy dispuesto a hacer. No hay mucho más que eso.

Luego está un tema de construir networks, las comunidades de tech son súper vibrantes, podés meterte a temas desde fintech hasta gaming, son comunidades súper ricas. Están en todas las redes sociales; en general son comunidades súper optimistas, llenas de gente que te ayuda a aprender. Una comunidad que me impresiona es la de las criptomonedas. Es una comunidad, como un todo, súper optimista: están replanteando los sistemas en el mundo, descentralizar la toma de decisiones, los gobiernos, son súper utópicos, optimistas e inspiradores.

4. Si no sabés programar pero tenés muchas ganas de arrancar en lo digital, ¿qué es lo primero que hay que hacer para aprender?

Podés arrancar con lenguajes súper básicos. Yo lo hice temprano en mi carrera, en el primer año de la universidad; las primeras clases eran programando en papel, con un lápiz. Allí aprendí que programar es un tema de lógica y sentido común, una secuencia de cómo tienen que pasar las cosas. Podés empezar con sistemas simples, resolviendo cosas en casa, tirando código, aplicando para resolver un problema; hay un montón de libros, podes hacer *shadowing* con un amigo que ya programa. Si tenés curiosidad y ganas va a ser fácil. En definitiva lo que quiero decir es que si tu sueño es arreglar turbinas de aviones, vas a necesitar una turbina, un avión es algo complejo. Pero para aprender a programar, alcanza con un lápiz y una hoja de papel.

5. Y los chicos que aún están en la escuela, ¿qué pueden empezar a hacer para, al salir del colegio, conseguir trabajos que les permitan mantenerse y continuar estudiando?

Si tienen ese espíritu emprendedor, te lo voy a resumir en un par de palabras que a veces intimidan pero es así: si eres joven, y estás obsesionado por algo y ves que esa cosa puede funcionar: DO IT. Así se empieza, no hay nada más gratificante y emocionante que empezar a construir algo, te toca empezar a hacerlo, hablar con la gente, preguntar, investigar, probar… Cuando empezás nadie cree en vos, pero vos avanzás. Este tal vez sea un consejo para los de perfil emprendedor. Y para los que no quieren ser emprendedores, no hay mejor lugar para aprender que haciendo.

Dale tu email a escuelas, universidades. Deciles "estoy estudiando programación", escribí a las empresas, empezá a programar, poné manos a la obra. No hay nada más importante que aprender haciendo. Todas las empresas del mundo están buscando gente como vos.

6. Tenés 37 años, Sebas, ¿cómo soñás ver América Latina a tus 50?

Me encantaría imaginarla con una comunidad de emprendedores y de empresas que no solo construyen grandes negocios sino que redefinen mucho mejor lo que es el contrato social y cómo la tecnología va a impactar la región. Me encanta imaginar una América Latina con grandes empresas, con un sector privado fuerte, con un sector público súper forward looking y con mucho foco en tech.

Creo que cuando en el futuro miremos para atrás, vamos a ver que hoy estamos recién empezando la transformación digital, y que entonces vamos a entender la verdadera escala de esto. Lo que más me gustaría es que no solo construyéramos estos negocios sino que reescribiéramos cómo se construye la transformación digital desde la inclusión. Me gustaría ver personas saliendo de la pobreza, empresas que generen productividad y redistribuyan ese valor creado en la economía local. Soy súper forward looking en tech pero también he visto lo que puede pasar cuando no estás conectado con tus stakeholders. y es clave porque siento que la tecnología es el único vehículo de transformación social real que vamos a tener en los próximos años. Entonces tenemos la posibilidad de hacer las dos cosas. Crecer, y hacerlo con inclusión. Y si eso pasa vamos a estar hablando de un continente que se transformó, con mucho más capital viniendo a la región, con grandes empresas, lo que tiene un potencial de jalonar al resto de la sociedad. Porque si creamos trabajo en tech, ¿qué van a hacer las universidades? Crear programas para tech. ¿Y qué van a hacer los gobiernos? Adaptar el contexto, las leyes.

7. ¿Hay alguna tendencia social, por incipiente que sea, que ves hoy y que te entusiasma a pensar así?

Sí, hay algo que me entusiasma. Creo que si comparas la generación anterior de empresarios con las nuevas generaciones de emprendedores como la nuestra, ahora los emprendedores somos mucho más conscientes de lo social, entendemos que hay que resolver problemas reales, y muchos venimos de lugares no tan acomodados, nos ha tocado hacerla, no heredamos nada. Eso me hace sentir bien y me parece que debo ser optimista: creo que todos entendemos que somos emprendedores, somos empresarios, pero está demostrado que si cuidas a tus stakeholders, a tu gente, al ecosistema, al medio ambiente, eso se traduce en mayor valor creado. Es mentira que tenés que ser duro, creo que lo estamos entendiendo y eso me hace sentir optimista.

8. Por último, sabiendo que este problema te preocupa, ¿estás satisfecho con lo que vos personalmente estás haciendo para resolverlo?

Yo soy una persona inquieta y nunca me siento como que llegué al destino, como que ya está hecho; siempre hay como un vaso medio vacío, la sensación de que puedo hacer mucho más. Creo que eso viene de mi propia historia; yo perdí a mi padre muy joven. Aun cuando él vivía siempre era "OK, qué más puedes hacer". Creo que eso siempre me dio como una necesidad de superarme, de superarlo, de mostrarle a los demás, quizás una inseguridad de no ser lo bastante bueno.

Siempre he sentido que no he hecho suficiente; últimamente estoy trabajando en quererme un poquito más y reconocer lo que hemos hecho.

Creo que América Latina era una región muy diferente cuando empecé a emprender. Antes de empezar a explicar mi producto y mi empresa, primero tenía que hablar de penetración de internet. Hemos avanzado mucho, y claro que no es solo por nosotros, pero con Rappi hemos puesto nuestro grano de arena. Creo que eso es para ponerse orgullosos. Pero cuando tienes cierta responsabilidad te das cuenta de que el trabajo no está aún hecho. Es una mezcla de satisfacción, orgullo y amor propio, pero creo que la mayor tarea está aún por hacerse y mi trabajo ahora es influir a la mayor cantidad de personas. Por eso ayudo a emprendedores. Hoy, con un poco más de experiencia, veo que hay tanto trabajo por hacer que es muy difícil sentir que estoy satisfecho o que ya llegué.

3, 4, 5. Vane, Patricia y Ale

3. Vanesa Taiah

Vanessa Taiah fundó MindHub en el año 2017 junto a sus socias Patricia Martucci y Alejandra Ripa. Antes de eso, trabajó veintiún años en Accenture, donde desarrolló toda su carrera y llegó a ser Managing Director como responsable de ventas de varias industrias para Sudamérica Hispana. Durante años trabajó en distintos países de la región, principalmente en Brasil, Chile y Colombia.

Casada y con mellizas adolescentes, se considera una tech victim: le encantan los gadgets nuevos de tecnología, las nuevas apps, disfruta de escuchar podcasts. Le gusta mucho conocer gente y viajar.

4. Patricia Martucci

Patricia Martucci fundó MindHub en el año 2017. Antes de ello, trabajó treinta años en Accenture, donde desarrolló su carrera y llegó a ser Managing Director y Responsable de Tecnología para Sudamérica Hispana. Patricia está casada y tiene dos hijos y tres nietos.

En Accenture tuvo a su cargo más de 5.000 colaboradores, y entre otras responsabilidades formó parte del Council Global de Género como representante de Latinoamérica. Siempre recuerda un proyecto que lideró de muy joven en una fábrica de autos, donde las únicas mujeres que trabajaban allí no ocupaban roles de liderazgo, por lo que en las reuniones los directores "no la miraban cuando hablaba". Esto la llevó a desafiarse e intentar revertir la brecha de género.

5. Alejandra Ripa

Alejandra Ripa fundó MindHub en el año 2017. Antes, se desarrolló profesionalmente en Accenture desde el año 1992, donde llegó a ser Managing Director para las áreas de Ventas y Delivery de Servicios de Tecnología para Argentina, Chile, Perú y Colombia.

Hoy, casada y con dos hijos adolescentes, piensa que, en retrospectiva, el mayor logro fue equilibrar su carrera y crecimiento profesional con su vida personal. Disfruta mucho viajar; conocer distintas culturas y leer. Durante la cuarentena descubrió una nueva pasión: la cocina.

1. Chicas, BCG estima en América Latina un gap de 500.000 talentos para la industria tech. ¿Por qué no se logra cerrar esa brecha cuando tanta gente necesita trabajar?

Patricia: Si bien hay un aumento de los chicos que estudian carreras tech, aún es muy bajo, muchos siguen anotándose en Abogacía, Contabilidad, Medicina… las carreras tech no crecen en cantidad de alumnos en la medida en que crece en el mercado la demanda de esos perfiles, lo que hace que el gap no solo se mantenga sino que cada vez sea mayor.

Además, las carreras universitarias o terciarias son de cuatro o cinco años y la demanda hoy está explotada. Pensá que Latam en general es un mercado para exportar, entonces tenés una doble combinación: el mercado local crece, el global crece exportando, y las carreras universitarias ya no dan abasto.

Nuestro modelo fue ideado en Estados Unidos precisamente por lo mismo: ellos decían "con el crecimiento que tenemos no llegamos", y entonces crearon la metodología *bootcamp*, gracias a la cual en cuatro o cinco meses generás un recurso júnior, que alcanza para salir rápido al mercado.

Alejandra: La pandemia dejó todo en evidencia y fue exponencial. Las necesidades se vieron más claras, la demanda creció más rápido, todas las empresas se movieron a lo digital. Nosotros teníamos nuestras proyecciones pero todo fue más explosivo: la evidente necesidad de las empresas por digitalizarse, la necesidad de talento, los números de inscriptos en nuestros cursos…

Vanessa: Estamos frente a una generación "bisagra", especialmente en lo que respecta a las mujeres. Nuestros padres no estudiaron tech, ¡y mucho menos nuestras madres! Y el principal motivo es la cantidad de prejuicios, aun cuando el mercado está claramente a favor de las carreras STEM (ciencia, tecnología, electrónica, matemática) pero no tenemos en quién vernos reflejados. Los ejemplos son aún muy lejanos, no hay muchos en la familia, en los padres, en la vida cotidiana de los chicos. No hace falta ir muy lejos para entender esto, lo ves en el chat de mamis del colegio, están las que no tienen idea de cómo llenar un google form y las que saben hacerlo. Por eso un pibe o una chica del barrio que lo logró es tan importante, porque vive al lado tuyo y tiene muchas más chances de ser tu referente.

2. ¿Por qué un chico o una chica, desde fuera de la industria, debería considerar el mundo digital una salida laboral?

Vanessa: La vida del profesional digital está recontra alineada con los centennials, la búsqueda de la libertad, de no estar atrapado en un lugar y un horario fijo, el tener diversas experiencias. Son chicos con mucha más conciencia por lo sustentable. Y la economía digital en general está en línea con eso. Hay un match en valores, que te deja con mucha más libertad que las carreras tradicionales. Y además lo tech permite sin problema el home office, algo que buscan las nuevas generaciones.

Alejandra: Además está la posibilidad económica: es una actividad y una carrera muy bien remuneradas.

Patricia: Creo que hay un desconocimiento y que no haya ejemplos de los que transitan esas carreras genera un miedo a lo desconocido. También para muchos chicos la empresa tan grande intimida y por eso pensamos que algunos chicos deberían hacer prácticas en empresas más pequeñas para después, si quieren, acceder a una grande.

En general, por ese desconocimiento, les cuesta anticipar lo bueno que puede ser todo esto. No necesitan ser genios, eso hay que desmitificarlo. Es cierto que no es para todos, porque tenés que tener un razonamiento lógico de base, pero aun así no hace falta ser un genio. Los alumnos muchas veces se sorprenden cuando pasan la admisión y cuando ven que pueden primero aprender y luego producir.

Además es una carrera muy buena porque es creativa, te da libertad, ponés mucho de vos, también es agradable para quien ya probó en otros lados, porque abre nuevas alternativas. Meterse en tech es como ser médico: tenés mil especialidades distintas, podes ser back end, diseñar interfaces con usuarios, hay roles muy estructurados y otros más creativos. A medida que avanzás podes ir viendo qué te gusta más…

Vanessa: Si bien en MindHub hacemos publicidad e intentamos explicar todo esto, el que llega convencido es el que tiene un amigo o amiga que pudo hacerlo. El que viene diciendo "Mi amigo gana buena plata" llega híper convencido, mucho más que por el efecto de cualquier publicidad, y no abandona, le pone garra desde el principio.

3. Si no sabés programar pero tenés muchas ganas de arrancar en lo digital, ¿qué es lo primero que hay que hacer para aprender?

Vanessa: Obviamente, ¡venir a MindHub! Además, hablar con alguien que ya esté dentro de la industria, que te haga este mundo más cercano. Y también googlear, meterse en foros, grupos, la gente tecnológica es colaborativa. Buscar un referente con el que te sientas identificado y hablar con él o ella.

Patricia: Hoy hay mil opciones en el mercado y hasta se puede estudiar de manera autodidacta. Sé que eso no es para todos, en especial para arrancar, pero también es posible. Lo que recomendaría es que vayan a una academia y hagan una prueba gratis, en un ámbito cuidado, donde intentarán que no te frustres ni te asustes.

Alejandra: La oferta es inmensa, desde bootcamps intensivos a carreras universitarias. Hay chicos que no tienen la posibilidad de dedicar cuatro o cinco meses full time para un bootcamp, pero por ejemplo pueden ir a una tecnicatura de tres años en la UTN. Hay una opción para cada persona, y para cada momento.

Vanessa: Hay oferta para tener tu primer contacto con la tecnología, para aprender el último lenguaje de programación, ofertas que te capacitan rápido para trabajar. Hay oferta para todo. Si querés trabajar en seis meses, buscá algo intensivo; si querés empezar a meterte, buscá algo más tranqui. Lo bueno de estar hoy con este problema es que la oferta es infinita.

4. Queda claro que este problema les preocupa. Lo que les quiero preguntar es si están satisfechas con lo que ustedes personalmente están haciendo para resolverlo.

Vanessa: Como startup que somos, en MindHub estamos buscando nuestra identidad y nuestra cultura de empresa; creo que tenemos algo buenísimo y es que, cuanto mejor nos va, más impacto generamos. Es algo directo y entonces nos dimos cuenta de lo gratificante que es crecer el negocio, porque al hacerlo se produce un impacto cada vez mayor. Fluye, está muy alineado, y encontramos en eso un motor para crecer y salir adelante, una motivación extra, que son las historias de vida de los chicos y chicas que terminan los programas. En ese sentido creo que somos muy pero muy afortunadas, y yo no lo había entendido así hasta que lo vivimos.

Alejandra: Creo que ninguna de las tres, cuando pensamos el emprendimiento lo vio así. Lo pensamos más bien como una solución a las empresas para ayudarles a conseguir gente, pero luego fuimos descubriendo que el impacto era mucho mayor. A veces se pone cuesta arriba, como todo startup, pero cuando frenás y ves lo que lograste decís "¡Wow!". Emprender tiene su desafío. Nosotras tres venimos de trabajar por muchos años en corporaciones, donde tenés muchas cosas resueltas. Acá cuando te detenés a ver lo que lograste, las historias de la gente, decís: "En verdad estuvo bueno".

Patricia: Logramos mucho más de lo que jamás hubiéramos imaginado. Las tres queríamos emprender, teníamos muchos años de experiencia, habíamos hecho de todo pero aquí se ve que todo lo que hacemos tiene una repercusión real… Eso nos alimenta y queremos crecer mucho más, porque las personas lo necesitan.

5. Por último: son tres mujeres de cincuenta años que hace casi cuatro se retiraron de una carrera exitosa y hubieran podido dedicarse a algo más tranquilo, pero en vez de eso se volvieron emprendedoras. ¿Qué aprendieron en este tiempo?

Vanessa: Nosotras teníamos cero experiencia en emprender, todo fue un salto al vacío, salvo por el hecho de que veníamos del sector tech. Lo que más me sorprendió del mundo emprendedor fue lo mucho que aprendimos en un año de MindHub. No recuerdo un año de la carrera en que hayamos aprendido tanto, de probarte a vos misma, de saber qué podés hacer. Creo que emprender es el teatro y las carreras corporativas son el cine: en las grandes corporaciones todo son superproducciones pero no tenés ese contacto tan directo, tenés que conseguir ir a la función de estreno y ahí tenés cierta proximidad… Pero no es como en el teatro. Por eso si algo nos impulsa cuando las cosas se ponen difíciles es lo que aprendemos, lo que impactamos y la satisfacción de haberlo hecho. Cuesta mucho hacer ese switch, no es inmediato, por eso para mí sería imposible emprender sola.

Alejandra: Emprender es insertarse en un ecosistema súper generoso, con gente que te ayuda de forma constante y sin esperar nada a cambio. Después tenés la responsabilidad de retribuir ƒy lo hacés porque el ecosistema tiene una vibra distinta de lo que es lo corporativo. Es super challenging, supongo que en el mundo, y acá, en Argentina, mejor no te cuento.

Patricia: Yo creo también que, como no sabíamos emprender, discutimos todo mucho y fuimos muy serias, estuvimos estudiando durante un año y medio, porque es otro mundo, es otra responsabilidad; no fue liviano, fue muy responsable y con mucha preparación porque sabíamos que nos metíamos en algo totalmente distinto. Pasamos lo que pasan muchos emprendedores: hoy te parece que lo tuyo es fantástico y mañana te parece que todo se va a pique y empezás a pensar qué vas a hacer con el equipo que formaste. Pero creo que lo disfrutamos y tenemos que hacer un ejercicio de disfrutarlo aún más, porque es tanta la energía puesta que se logran cosas y no se ven. Una vez al mes hacemos un call con todo el equipo y les contamos lo que sucedió en el mes y es tremendo, porque mes a mes son muchísimas cosas. A veces creo que tenemos que parar un poco y festejar más los logros porque eso te llena de energía para continuar.

6. Alec Oxenford

Alec es un emprendedor e inversionista creador de empresas de base tecnológica y, a la vez, un apasionado por el arte. Su recorrido es igualmente impresionante en ambos caminos.

En primer lugar, fue CEO de DeRemate.com, la plataforma latinoamericana, luego vendida a eBay, cuya historia fue incluida en el libro Six billion shoppers: The Companies winning the e-commerce boom.

En 2008, junto con Fabrice Grinda, Alec fundó OLX, empresa que vendió a Napsters en 2010, de la cual fue CEO hasta 2014 y que en la actualidad cuenta con más de 330 millones de usuarios en 45 países.

En 2015, junto con Jordi Castello y Enrique Linares, fundó LetGo, un marketplace para la compra venta de productos usados en Estados Unidos, que luego en 2020 se fusionó con OfferUP, sumando a Alec como parte del board.

Recientemente, en diciembre de 2020, Alec fundó, junto con Rafael Steinhausser, Alpha Capital, que ya cerró una recaudación inicial en Nasdaq de 230 millones de dólares para invertir en emprendedurismo latinoamericano.

Por otro lado, es un gran coleccionista de arte, enfocado

en artistas argentinos como Liliana Porter, Eduardo Navarro, Carlos Huffmann y Martín Legón, y su colección tiene más de 500 piezas. Desde 2013 hasta 2020 fue presidente de la Fundación ArteBA, así como también lo fue de la Asociación de Amigos de MALBA. Desde hace unos años, con el objetivo de incentivar el desarrollo cultural y profesional de los artistas, organiza una convocatoria anual a becas de viaje para artistas visuales argentinos.

1. Alec, BCG estima en América Latina un gap de 500.000 talentos para la industria tech. ¿Por qué no logramos cerrar esa brecha cuando tanta gente necesita trabajar?

Latinoamérica tiene un problema estructural que es la incapacidad de planificar a largo plazo, tal vez por la volatilidad que tienen los mercados, las empresas en general…, todo lo cual hace que sea difícil para los privados, y aun para los políticos, involucrarse en proyectos que llevarían varios años, con lo que eso implica, por ejemplo la educación, que siempre lleva tiempo. Por otra parte, creo que en América Latina la parte más relevante de la educación es pública y eso hace que también sea complicado porque en general la administración pública funciona por inercia: se hace lo mismo del año pasado más un uno por ciento incremental. Pero no se piensa en cambios radicales, mientras que en el sector privado sí hay iniciativas más profundas. El mejor ejemplo de esto es lo que pasó con Digital House, aunque también es cierto que eso acaba por ser una gota de agua en el océano. Pero Digital House, así como otros similares, probaron que se puede cambiar hacia adelante. De hecho mi esperanza es que esto funcione como la gota de agua que parece que no cambia nada hasta que llegás a un día en que, de a poco, todo cambió. Y en la medida en que la sociedad se dé cuenta de lo importante que es esto, va a haber más demanda. El tercer punto es que la educación sigue cánones de hace doscientos años, y la tecnología es, por definición, futuro. Entonces, es difícil enseñar tecnología mirando hacia el pasado. Por ejemplo, se ofrecen certificaciones y diplomas, cosa que ya no es relevante, cuando lo único que importa es lo que aprendas y sepas hacer. Entonces, yo, en el futuro inmediato, me imagino muchos cambios estilo Digital House y mucho impulso desde la educación corporativa, porque las empresas no pueden esperar y necesitan gente. Y luego, tal vez con el tiempo, cambios más profundos en el sistema educativo. Hacen falta cientos de miles de graduados: tal como sugerís en tu pregunta, no alcanza con cambios pequeños. Quiero decirte una cosa: yo creo fundamentalmente en el valor y el rol del emprendedor. Es decir, creo que son los emprendedores los que van a dar vuelta este problema, y claro, va a ser una solución caótica.

2. ¿Por qué un chico o una chica que está fuera de la industria debería interesarse por el mundo digital como una salida laboral?

Yo creo en la racionalidad, creo en un approach de datos. Entonces yo a los jóvenes les mostraría la posibilidad que existe de generar ingresos más altos que en ninguna otra industria, y en tiempos más cortos. Creo que es muy importante mostrar casos reales, como los de este libro, para que la gente se dé cuenta de que no necesitan ser Mark Zuckerberg o un genio matemático para aprender a programar, ya que más o menos cualquiera puede hacerlo. Yo creo que cuando muchos jóvenes entiendan que de verdad estos empleos generan un ingreso diferente, y que cualquiera puede hacerlo… creo que habrá un cambio. Es un cambio que, aunque sea de forma lenta, ya comienza a notarse.

3. En términos simples, ¿qué características personales necesita una persona para ser exitosa en lo digital?

En lo digital hace falta gente a la que le guste resolver problemas. Y es que generalmente lo que hace la tecnología es muy parecido al conocimiento aplicado: es decir que hace falta gente que, con su inteligencia y su trabajo, se interese por ayudar a los otros a resolver sus problemas. Claro que ayuda mucho la habilidad matemática, pero es necesaria en un nivel que creo que más de la mitad de la población lo tiene. A veces lo que sí puede suceder en América Latina es que, como la educación va en otro rumbo, las personas, aunque tengan la habilidad matemática, no la ejercitan tan habitualmente.

4. ¿Hay alguna tendencia social, por incipiente que sea, que ves hoy y que te lleva a pensar así?

La tendencia que estoy viendo es que por primera vez veo muchos entrepreneurs jóvenes que son ingenieros "duros". Te diría que toda la nueva ola de compañías está siendo fundada por ingenieros, gente de las ciencias… Eso es espectacular porque hace que todo vaya más rápido. De hecho esa fue la situación en Sillicon Valley desde el comienzo, mientras en Latam, tal vez porque hay tantos problemas de contexto, las primeras startups no eran de gente dura de las ciencias sino de administradores, abogados, etcétera, pero ahora estas compañías fundadas por ingenieros se acercan a la velocidad y profundidad de los proyectos de Silicon Valley, y yo creo que, también por este motivo, vamos a ver surgir proyectos más disruptivos, mucho más rápidamente. Veo también que empresas de la región empiezan a jugar en categorías en las que antes no teníamos representación. Los ejemplos más claros son el crecimiento de Mercado Libre… o Globant, que está generando software para empresas como Disney, Netflix o Google. En este último ejemplo esto indica que esas empresas están priorizando trabajar con talento latinoamericano y eso es, nuevamente, una demostración de que nuestro talento funciona, de que ya no existe ese mito de que los latinoamericanos somos menos productivos. Esta tendencia me entusiasma mucho. De hecho, con Alpha Capital acabamos de hacer un acuerdo con una compañía que se llama Semantix en Brasil, enfocada en inteligencia artificial y datos, una categoría que es totalmente cutting edge y en consecuencia es algo súper especial, y que muestra que en categorías tan de punta también se puede competir desde Latam. Y ojo, esto es un solo caso nomás, hay muchos otros casos. Creo que Latinoamérica, en términos de tecnología, va a integrarse al mundo.

5. Sabiendo que estos problemas (la educación, la tecnología y el desarrollo de la región) te preocupan, ¿estás satisfecho con lo que vos personalmente hacés para resolverlos?

Hay una respuesta mirando el vaso medio lleno, y otra, mirando el vaso medio vacío.

¿Cuál de ellas quisieras darme?

Las dos (risas). Comienzo por el vaso medio lleno. Aprendí, a lo largo de la vida, que un impacto positivo en una persona ya es un milagro y es muy relevante. Yo digo que quiero ser billonario pero no en el sentido tradicional de tener mil millones de dólares, sino en el sentido de tocar mil millones de personas. Y te digo mis números. Ya voy por 670 millones. Con OLX alcancé a unos 300 millones de usuarios en forma mensual, mientras que LetGo tuvo 150 millones de downloads, y DeRemate otro tanto y ahora con Alpha también. Es decir, sin ponerme colorado, puedo decirte que de alguna manera ya agregué algo de valor a esa cantidad de personas: 670 millones. De alguna forma algo hizo cada persona: se metió en el sitio, navegó, resolvió una transacción, fue comprador, o vendedor… Siguiendo con el vaso medio lleno, también toqué a muchas personas a través de mi trabajo con el arte. Traté de hacer una diferencia positiva, y ayudo a artistas de muchas maneras. Ayudo como coleccionista: compro solo a artistas vivos y les compro directo a ellos, para que tengan un ingreso y sigan produciendo cultura.

También tengo becas de viajes, para que puedan integrarse al mundo (siempre creí mucho en la importancia de conocer y trabajar para el mundo). A fin de este año ya van a sumar unos cien artistas que han viajado con mis becas (son unos quince por año).

Creo que en la vida uno tiene que tener foco. En mi caso mi foco principal son las compañías de tecnología en Latam porque creo que estas empresas tienen un impacto desproporcionado en la vida de las personas. Y mi otro foco es el arte porque creo que la cultura genera un impacto diferente, que va por debajo de la superficie.

Ahora bien, viendo el vaso medio vacío, creo que falta mucho: América Latina está muy atrasada. Hay mucha desigualdad, mucha pobreza. Hay motivos para estar un poco frustrados, todo nos cuesta tanto… En este sentido, el peor ejemplo es Argentina. Si miro los últimos cincuenta años, en general los otros países, aunque lentamente, han evolucionado (el ingreso per cápita en Latam en ese período se duplicó). Pero cuando miro la Argentina, lo que tenemos es una involución, y eso es una catástrofe… pero bueno, espero que logremos darlo vuelta y empecemos a caminar para adelante.

6. Alec, por último, ¿qué te está enseñando Brasil?

De hecho, Brasil me enseña a mirar el vaso medio lleno. Los brasileños son gente muy alegre, celebran la vida todos los días. Nosotros, los argentinos, somos súper retorcidos y ellos en cambio son mucho más sencillos, tienen una simpleza buena, una vocación de agradecimiento y celebración. Disfrutan mucho lo que tienen y lo que consiguen. Tienen muchísimos problemas, pero eso los ayuda a ser más felices.

También tienen un gran aprecio por la naturaleza, en especial en Río, donde vivo. De hecho, un driver importante de todos los proyectos que he hecho en tecnología fue la sustentabilidad: los tres más grandes fueron marketplaces de usados, donde cada una de esas transacciones evita el gasto de materiales no renovables y reduce la generación de basura, por la reutilización de lo usado. Lo que se hace de arriba para abajo, por ejemplo los tratados que firman los gobiernos, en general no funciona. Pero los cambios culturales hacen que la gente entienda que no hay un planeta B, y eso es fundamental.

Con los años me di cuenta de que todas las iniciativas positivas, que construyen y van para adelante, son buenas. Antes era más de opinar, de dar una valoración; ahora soy más simple. Hacerle bien a tu vecino ya es algo. No necesitas inventar la velocidad. Alcanza con hacer bien lo que hacés, estar presente, pensar si uno está haciendo lo correcto, asumir la responsabilidad por los propios actos, ayudar a los demás.

7. Nelson Dubosq

Nelson Dubosq es cofundador y CEO de Digital House, el coding school de clase mundial nacido en Argentina pero con una imparable expansión en América Latina.

Anteriormente, Nelson cofundó HSM Group y lanzó la revista Gestión, la primera publicación de management y negocios en español para nuestra región. También formó parte de la creación de ExpoManagement y World Business Forum, dos de los mayores encuentros de ejecutivos en el mundo. En 2012 lideró el lanzamiento de la plataforma online de HSM Group, bajo el nombre de WOBI / World of Business Ideas.

En 2016, cuando fundó Digital House en Argentina, Nelson lo hizo con el propósito de transformar la vida de las personas a través de la educación y de acelerar la digitalización de las empresas y los negocios. Hoy la empresa funciona también en Brasil, Chile, Colombia, México, Perú y Uruguay.

1. Nelson, BCG estima en América Latina un gap de 500.000 talentos para la industria tech. ¿Por qué no logramos cerrar esa brecha cuando tanta gente necesita trabajar?

Creo que recién ahora la sociedad se está dando cuenta de la posibilidad que abre la tecnología, que está aquí para todos los que quieran. En la mente de la sociedad aún está el tema de "m'hijo el dotor" y la programación está asociada a un genio, un ingeniero, etc. Eso tiene una razón de ser: la velocidad de las máquinas hace 20 años era de matemática profunda, mientras que hoy programar es algo así como jugar al ajedrez; es simple. Entonces en la medida en que eso avance y la gente se anime, esa percepción va a cambiar. Por otro lado un ingeniero tarda diez años para recibirse, pero hoy por ejemplo con Digital House la formación es más rápida, entonces programar es más accesible. Y lo es también desarrollar un mindset digital, pensar en temas como scrum, agile, etcétera.

Y es cierto que el talento es escaso, al punto que en la industria se dice que es más fácil conseguir un cliente que un talento.

Ahora bien, también hay un tema con la educación de base en Argentina: con la carrera que armamos con Meli y Globant se anotaron en Argentina cerca de ciento cincuenta mil personas pero luego solo el veinte o treinta por ciento de los postulantes pasó los tests de lógica básica.

Por eso digo que es una cuestión de tiempo. Si logramos que converjan los instrumentos financieros, las nuevas metodologías educativas, la colaboración, etc., ese cambio social que menciono va a llegar y será una ventaja competitiva enorme para el país.

2. ¿Por qué un chico o una chica que está fuera de la industria debería interesarse por el mundo digital como una salida laboral?

En primer lugar, porque la programación, así como el mundo digital, atraviesa todas las industrias y todas las profesiones. Es como decirte que a lo que vos hacés, sea lo que sea, le vas a sumar un valor agregado.

En lo digital podés trabajar desde tu casa, desde cualquier ciudad; es un trabajo que va a evolucionar, que te va a obligar a aprender todo el tiempo y te va a enriquecer en tu profesión. Por ejemplo, si sos periodista vas a hacer una nota interactiva, donde le vas a decir al lector que haga algo. Ya no existe más la clásica frase de "ir a Sistemas", hoy vos mismo podés hacerlo. Entonces vas a potenciar tu profesión.

Mi hija, por ejemplo, estudió Relaciones Internacionales (que podríamos pensar que no tiene nada que ver con sistemas), pero estudió Data Science, entonces ella ahora hace investigaciones tomando un set de datos, que ella misma aprendió a visualizar, entender y estructurar para su trabajo. Es decir que esas herramientas le permitieron enriquecer su profesión. Inclusive eso es mucho más obvio para comercialización y marketing: si sos una pyme vas a vender por tu canal online mucho más que otros si aprendés a hacerlo vos mismo.

3. En términos simples, ¿qué características personales necesita una persona para ser exitosa en lo digital?

Yo creo qué tiene que tener capacidad de aprendizaje, de cambiar, de aprender a aprender. No tener miedo:

pasar de una actitud pasiva a una actitud activa. En el ejemplo del deporte, ¿viste el pibe que dice "Me encanta el tenis" y se pasa todo el finde viendo torneos? Ese no aprende a jugar al tenis. En lo digital tener que agarrar la raqueta y darle al frontón, jugar con un amigo… esto es horas de oficio. Además de practicar, tenés que colaborar, porque nunca se hace nada solo. Entonces, esa actitud de colaborar y practicar es clave. Y no tener miedo, romper esa inercia de no intentar algo nuevo.

También es aprender haciendo. Y eso es porque en lo digital estás siempre construyendo algo que está cambiando, entonces no es el producto final lo que tenés entre manos. Y agrego algo clave: desaprender. En la educación tradicional te preparan para aprobar el examen, lo cual es decir como que de hecho hay una *respuesta*. Pero aquí es distinto, lo que hay es un *proceso*. Es como si te dijeran: "Practique, practique, practique…". Vas aprendiendo todos los días, con el otro.

Entonces mientras la educación tradicional te prepara para aprobar el examen, aquí te preparamos para desaprender, y para aprender a aprender.

4. Si no sabés programar pero tenés muchas ganas de arrancar en lo digital, ¿qué es lo primero que hay que hacer para aprender?

Creo que empezaría por poner en Google o YouTube: "Cómo aprender a programar". Aunque debo decir que aprender solo es más duro y, de hecho, las plataformas que son puro aprendizaje online tienen 95% de abandono. Entonces sumarse a grupos colaborativos es clave. Una vez que ya hiciste un curso y aprendiste la base, yo creo que podés seguir solo, pero empezar solo es más difícil. Claro que hay algunos autodidactas pero son la minoría.

5. Y los chicos que aún están en la escuela, ¿qué pueden empezar a hacer para conseguir trabajos que les permitan mantenerse y continuar estudiando cuando salgan del colegio?

Nosotros en Digital House tenemos más de quince mil alumnos en escuelas, a quienes damos cursos de programación con nuestra plataforma y nuestros tutores.

Esto creo que es como cuando éramos chicos y teníamos talleres de ajedrez: realmente no hay más complejidad en jugar al ajedrez que en programar, en ambos se trata de una abstracción.

Entonces yo recomiendo juntarse con amigos y empezar a hacer algo en grupo. Siempre en grupo, colaborando. Siempre hay algo, todo está ahí disponible y solo hay que empezar. Pero si empezás ordenado, con un curso o un grupo, sobre todo los primeros pasos, la puerta de entrada… es más fácil que no te frustres y tengas éxito iniciándote en lo digital.

6. ¿Cómo soñás ver América Latina en diez años?

Si nosotros logramos ser unos exportadores fuertes en la industria del conocimiento, si logramos que este sector tenga un boom tan importante como los grandes booms históricamente asociados a la exportación de commodities, y si logramos tener millones de programadores, entonces podríamos ser un jugador clave de exportación de conocimiento en todas las industrias. Para eso creé Digital House.

¿Viste que la gente grande dice "mi hijo es un fenómeno con la tecnología"? Bueno, hay que pasar de usar tecnología a crear tecnología. Si somos una sociedad que solo usamos tecnología, vamos a ser dependientes, mientras que si la creamos, vamos a independizarnos. Tenemos que tener chicos que puedan pasar de usar, a crear tecnología. Esto nos dará independencia y además, en lo individual, crear algo te genera mucha autoestima y dignidad: en el colegio no te invitan al examen de matemática, te invitan a la expo de arte.

A mí esta capacidad de crear me sigue conmoviendo: es emocionante cuando los pibes acá egresan y hacen una aplicación mobile y te muestran toda la línea de código que está detrás… Desmitifica la supuesta dificultad de entrar a esta industria y a ellos los llena de autoestima. Hay un ejercicio en el que muestran los trabajos prácticos y luego ponen en la pantalla todas las líneas de código que hicieron en cada trabajo y cuando ellos ven todo junto… es potente, ellos mismos se emocionan. Yo mismo no dejo de emocionarme cada vez que hacen ese ejercicio al final de un curso.

7. ¿Hay alguna tendencia social, por incipiente que sea, que ves hoy y que te entusiasma a pensar así?

La cantidad de inscriptos en todas las becas que tiene Meli y Globant, eso es impresionante.

Es una carrera que te forma como programador high para la industria. Hay un primer track de un año y luego ya podés empezar a trabajar y seguís el segundo track, que es un año más. Ya la primera camada de estudiantes terminó y Meli junto con Globant tomaron a más del 60% de los alumnos. Hoy en el primer año hay unos cuatro mil alumnos activos.

Y todo esto surgió porque un viernes, tipo diez u once de la noche, estaba yo en mi casa y me llamaron Marcos Galperín y Martín Migoya juntos, que estaban en la casa de uno de los dos y querían proponerme crear una carrera. La idea era crear una carrera para luego poder tomar la gente que la industria necesita y, como esta idea surgió de los founders, luego los heads de recruitment de las dos empresas trabajaron durante tres meses con los encargados de pedagogía de Digital House y dieron sugerencias a la currícula para que tenga lo que las empresas necesitan, y nosotros agregamos lo nuestro.

8. Por último, sabiendo que este problema te preocupa, ¿estás satisfecho con lo que vos personalmente hacés para resolverlo?

Estoy feliz con lo que hice, estoy feliz con transformarle la vida a las personas… Me emociona, le da sentido a mi vida. Yo empecé esto a los cincuenta y tres años, buscando algo que me trascendiera… Y lo he logrado, me siento muy feliz.

Ahora bien, ¿qué parte me hace ruido? Me gustaría que esto vaya el triple de rápido, y que vaya el triple de escalable. Me pone nervioso sentir que hay un gap entre la calidad que yo doy y lo que la gente puede pagar. Me gustaría que todo el mundo pudiera estudiar y, como hago las cosas bien y tengo un equipo de mejora permanente, no consigo a veces todas las becas y la financiación para que esto sea tan masivo como yo quisiera. ¡Es que podríamos hacer un desastre si tuviéramos todos los recursos que necesitamos!

En cambio, aquí a veces el contexto me tira para abajo… Pero yo soy un luchador. Hay veces que me quiero matar y digo "¡Qué embole!", pero luego vengo aquí a la mañana y veo a los pibes estudiando, dejando todo… Es imposible no seguir adelante.

En la pandemia decidimos abrir todo. Los profesores daban charlas para que los colegios aprendieran lo básico, como usar zoom, dábamos charlas abiertas a instituciones, a la comunidad. Son cosas que te llenan. Yo metí a mis hijos, a mis amigos, a todos a estudiar acá. Esto me ha llenado mucho, y sí, me ha trascendido.

8. Guibert Englebenne

Guibert Englebienne es cofundador de Globant, donde lidera la innovación como CTO (Chief Technology Officer) para los doce países donde opera la empresa argentina.

Además, es presidente de la red de emprendedores Endeavor en Argentina y uno de los líderes digitales más destacados de Latinoamérica y del mundo.

Es marplatense y allí se formó como ingeniero en Sistemas. A los veintiún años casi pierde la vida en un accidente que lo marcó de para siempre y terminó de sellar en él un gesto agradecido y generoso que lo caracteriza. Emprendedor y extrovertido, se auto reconoce "medio rockstar" y con su carisma y picardía logró pitchear hasta a la Reina Isabel.

1. **Guibert, BCG estima en América Latina un gap de 500.000 talentos para la industria tech. ¿Por qué no logramos cerrar esa brecha cuando tanta gente necesita trabajar?**

Creo que hay un gap creciente entre los que abrazan la tecnología y los que creen que esto es para otros. Lo podés ver en un montón de cosas: el ejemplo más típico es haber comprado bitcoin a treinta centavos de dólar y comprarlo unos años después a treinta mil dólares; hay una diferencia enorme en el tiempo que las personas dedican a las cosas nuevas. Creo que todos en el futuro debemos empezar a escuchar y sintonizar rápido, porque puede ser que te estés perdiendo algo que pronto va a revolucionar todo. Además, en nuestro país hay algunos elementos que no ayudan: aquí la educación pública y gratuita es una institución en sí misma, y eso es genial pero también a veces hace que la gente no le dedique tiempo a pensar "por qué voy a estudiar esta o tal otra carrera, ya que igual es gratis". Muchas veces hablo en colegios y pregunto: En unos años, ¿cuántos de ustedes van a estar en la Universidad? Y el cien por ciento de los alumnos levanta la mano. Luego les pregunto cuántos de ellos ya saben qué carrera, y entonces levanta la mano solo un veinte por ciento. Es decir que saben que estudiarán pero no saben qué o para qué. Hay un gap enorme entre la decisión de seguir una educación universitaria y la inversión de tiempo para entender el futuro. Y entender el futuro es clave.

Respecto del futuro, yo siempre digo hay tres grandes conjuntos: 1) las cosas que me gustaría hacer, 2) las cosas que me solventarían la forma de vida que quiero, y 3) conocer la vida real de alguien que ya trabaja en esa industria que me interesa. Imaginarse en la intersección de estos tres conjuntos es la mejor receta que encontré. Por ejemplo, una de las opciones que yo tenía cuando era joven y vivía en Mar del Plata, era ser oceanógrafo, pero mi papá me dijo: "¿Vas a estar todo el día desde las seis de la mañana en un barco?". A mí el mar me gustaba, pero no sabía cómo era la vida real de los oceanógrafos, ni quería estar en un barco todo el día.

También me interesaba la diplomacia, porque creía que los diplomáticos viajaban e iban a fiestas, lo cual tal vez era cierto, pero yo estaba obviando una gran parte de burocracia que tiene esa carrera. En cambio encontré en la Ingeniería en Sistemas algo que estaba en el cruce, en un momento perfecto donde el software iba a ser cada vez más prevalente, algo que estaba súper conectado con mis intereses pero también me permitía vivir de la forma que yo quería, conectarme con personas, conocer otros lugares, aprender. Hay algo muy importante que quiero decirte: creo que aún seguimos con el preconcepto de que las carreras de Sistemas tienen que ver con cálculos. Yo soy muy malo en matemáticas, pero la tecnología se ha convertido en la herramienta más humanística que jamás hayamos conocido. Toda industria se está digitalizando, no es que la tecnología sea una industria, sino que todas las profesiones, así como todas las industrias, están adquiriendo rasgos de tecnología. Mi hija acaba de recibirse de diseñadora de indumentaria en la UBA y su tesis fue de prendas para personas que no tienen problema de moverse de un estado a otro. Yo le decía que el mayor pase de estado actual es de lo real a lo digital, y eso la animó a hacer una tesis con una marca que podés vestir en el mundo real y su versión para vestir en el metaverso. Entonces hasta en la moda hay digital. Fortnight vendió más moda que toda la industria del fashion junta.

Nuestra industria cada vez más nos permite vivir la vida de una forma más integrada. Para que eso suceda en cada software hay gente que entiende de negocios, datos, gestión de proyectos, antropología, sociología, mecánicas de juego, ciencias del comportamiento, etc. Antes pensabas que el software que le dio el origen al término computadora era cálculo, y hoy es una fórmula en la que hacemos realidad nuestros sueños. Entonces, el que en este mundo digital abraza la tecnología va en una cinta transportadora a una velocidad infernal, y el otro se queda. Si bien uno siempre puede elegir vivir el futuro, una cosa es vivirlo y otra crearlo. Aquí lo podés crear, y para mí eso es un superpoder.

2. Vos decís que "No hay que enamorarse de la tecnología, sino del impacto que podemos generar con ella".

Cierto. Es que la tecnología no es una cosa que pasa por el teclado. Lo primero que le diría a alguien que ya decidió que va a aprender a programar es que levante los ojos del teclado: en cuanto empezás a entender lo que podés hacer se te llena la cabeza de ideas, empezás a tener ideas de cómo resolver problemas, por eso digo que es un superpoder. La tecnología enseña a pensar en cómo funcionan los sistemas, a pensar de una forma diferente. Yo eso lo he llevado a otras áreas. En mi rol como líder de Globant me deslumbraba pensar que un día iba a entrar a un ascensor y yo iba a ser conocido pero no los conocería a ellos. Me preocupaba, porque la forma de crear cultura iba a ser crucial. No existía un sistema para manejar cultura y eso me llevó a crear "Start me up" (sistema de gestión cultural de Globant). Aprendimos que podíamos digitalizar emociones, tales como reconocer a otro, lo cual eleva a las personas. Todas estas interacciones nos llevaron a pensar que hay personas que son clave en la empresa y que deberían ser conocidas, que hay conexiones y que maximizarlas es clave, porque darle a tu gente algo duradero es ofrecerle una cultura a la que aferrarse. Así, pensando en sistemas, es que podemos desarrollar una tecnología que nos haga más humanos.

3. En términos simples, ¿qué características personales necesita una persona para ser exitosa en lo digital?

Más que decirte qué tiene que tener una persona para ser exitosa en lo digital, te diría que lo digital es una industria muy amplia y que hay lugar para todos. Me sorprende que en la facu había compañeros que terminaron haciendo control de calidad. Dependiendo de lo que a uno le guste, hay diferentes opciones. Nuestro Chief Security Officer es alguien con actitud de cuidar, por ejemplo. Pero otros tienen actitud de crear, y otros de encontrar el detalle en el lugar incorrecto. Para todo tipo de habilidades, hay un lugar en esta industria.

Me parece importante desmitificar que uno necesita ser bueno en matemáticas para hacer esto; aun si no lo sos, tal vez seas bueno escuchando a la gente, o tengas otras habilidades únicas. Hay personas que tienen mucho foco en meterse a fondo en un problema con la compu, y otros, por ejemplo, se dedican a entenderlo desde otro lugar. La curiosidad es clave, así como la voluntad de aprender, ya que vas a necesitarlas en cualquier carrera y en la vida, pero en tecnología más, porque en esta industria todo cambia todo el tiempo. Vas a aprender un poco de una tecnología y después vas a tener que cambiar a otra. Yo he programado en veinte lenguajes diferentes, lo que me dio flexibilidad para saltar rápidamente de uno a otro.

La actitud correcta en esta industria es la del explorador, ser curioso.

Siguiendo con el ejemplo anterior, esta semana ayudé a mi hija a hacer su plan de trabajo para la tesis: le dije que se abra una cuenta en Roadblocks, una en Fortnight, una billetera cripto, que vea algunos videos en YouTube. Hoy aprendés más cuanto más hacés: el conocimiento está disperso. Por eso uno debería tratar de tener una disciplina en torno a cómo aprender.

4. Y los chicos que aún están en la escuela, ¿qué pueden empezar a hacer para, al salir del colegio, conseguir trabajos que les permitan mantenerse y seguir estudiando?

Que busquen cursos en áreas digitales, aprovechando que actualmente hay una gran oferta. Ya con un curso de cuatro meses, por ejemplo los de Digital House, empezás a tener otra perspectiva. Nosotros en Globant ahora estamos lanzando con Digital House la carrera de Certified Tech Developer, también en alianza con Mercado Libre. Lo que sucede es que como la demanda es tan grande, mucha de la formación ya empieza a ser asumida por las propias empresas. Entonces tal vez lo único que necesitás es tener algunos conocimientos para poder entrar en una empresa, y allí continuar tu formación y hacer carrera.

Creo que uno siempre tiene que tomar las decisiones de carrera en base a lo que te va a dar más opciones de futuro. En mi caso, cuando terminé mi carrera en Tandil me ofrecieron trabajar como investigador en IBM, y si bien era incómodo (debía mudarme a Buenos Aires, no me pagaban mucho, etc.), yo sabía que iba a aprender, y aceptar ese trabajo fue una de las mejores decisiones que pude tomar. Siempre elegí en base a lograr que mi carrera fuera mejor. Hay que nutrirse, encontrar esas experiencias, darle forma a una carrera variada.

5. Llegaste a acompañar, desde Globant y Endeavor, a una cantidad de emprendedores de la región. ¿Cómo soñás ver América Latina en 10 años?

Creo que América Latina tiene un horizonte buenísimo. Cuando nosotros comenzamos, nos planteamos esto de ser la mejor compañía del mundo, ayudando a otras a reinventarse.

Y hoy a nuestra gente le digo que cada uno de nosotros puede ser global desde Argentina. Eso es porque actualmente hay credibilidad en el talento local, y así llegan las oportunidades. Hoy tenés oportunidades en todos lados, y producto de eso se van formando capacidades locales. De hecho, al trabajar para las compañías líderes del mundo desde acá, lógicamente, empiezan a surgir empresas súper interesantes para prestar servicios al mundo desde Argentina.

Por otra parte, hay algunas tecnologías que, ya sea por ciertos temas ambientales o de contexto, somos los primeros en adoptar. Un ejemplo de esto es que Sudamérica, tal vez producto de las crisis económicas, es el lugar donde más se trabaja con tecnología open source, cuando en el resto del mundo aún se pagan muchas más licencias. También, en gran parte por la inestabilidad que nos caracteriza, la región del mundo que más ha adoptado las criptomonedas es también la nuestra, y eso hace que surjan empresas en torno al mundo cripto.

Compañías como Globant trabajan hoy con todos los líderes en el metaverso, en parte porque tenemos mucha experiencia acumulada en gaming, que es de donde viene esta nueva versión de internet, mucho más inmersiva. Por estos y muchos otros motivos, estoy seguro de que América Latina va a tener una gran oportunidad.

6. Por último, a los 27 años sufriste un accidente que te dejó al borde la muerte y eso te cambió la forma de ver las cosas. Sabiendo que el problema del desarrollo del país te preocupa, ¿estás satisfecho con lo que vos personalmente estás haciendo para resolverlo?

Satisfecho, nunca voy a estar. Yo creo que mi forma de ser y la de todos mis socios es dejar la mayor huella que podamos y, en mi caso, esa experiencia hizo que me dé cuenta de que estoy acá para transformar el mundo y dejarlo mejor, entonces voy a seguir buscando eso siempre. Al fundar Globant me encontré con que tenía un arma masiva de impacto positivo en las comunidades, y con Endeavor entendí que los emprendedores no somos seres aislados sino historias colectivas entrelazadas y así, sigo trabajando por el de al lado en un único ecosistema emprendedor, y confío en que de esa forma podremos crear un futuro mejor para nuestros hijos.

Reflexión final

Escribir este libro significó para mí un aprendizaje permanente. Cada relato implicó varias horas de entrevista en profundidad, mucho tiempo de escritura y, al ser mi primer libro, muchas otras de corrección. Me impliqué en las historias de cada uno de los protagonistas de la primera parte del libro de forma muy personal. No soy de llorar y sin embargo debí interrumpir algunas de las entrevistas, desbordado por la emoción. Y varios de los capítulos, aún hoy, luego de haberlos leído muchísimas veces, pueden arrancarme una lágrima cada vez que vuelvo a leerlos.

Aprendí con cada una de estas personas: los admiré profundamente porque son luchadores de la vida; ninguno de ellos la tuvo fácil y sin embargo allí están, con su sueño cumplido de trabajar en tecnología. Admiré también que lo que pedían era trabajar, no ganarse la lotería o tener plata en forma rápida o volverse famosos en Instagram. Trabajar en tecnología.

En los tres años que me tomó escribir este libro también hubo momentos difíciles en mi propia vida, y en esos momentos volví una y otra vez a leer la historia de alguno de estos personajes, y me repetía: si ellos pudieron, yo también podré.

En mi carrera siempre fui de mirar hacia arriba, admirar a quienes habían logrado cosas grandiosas, pero con este trabajo aprendí que las historias más valiosas son las de las personas sencillas. Por eso pienso que, en cierta forma, este libro me cambió la vida, no solo por ser el primero y por demostrarme que puedo escribir, sino por la fuerza de su contenido, que no es más que la energía de los seres humanos cuando nos animamos a seguir nuestro propósito.

Conocer un poco más íntimamente a algunos líderes y referentes de tecnología también me abrió otras perspectivas. Además de corroborar que el camino de la tecnología es efectivamente posible para todos, entendí temas de fondo que me impulsaron a tomar desafíos más grandes: comprobé que cuando uno está conectado con una causa mayor y responde a ese llamado con la acción, el trabajo se vuelve una misión, una entrega, y entonces es posible sentir una plenitud distinta. Aunque son diferentes entre sí, con todos los referentes que entrevisté sentí un punto en común: la calma y la felicidad de estar haciendo algo que ayuda a los demás. Eso también me hizo redoblar mi compromiso con lo que siento mi misión en esta etapa de la vida: impulsar el empleo en tecnología en América Latina.

Porque creo que es la forma más sustentable de salir de la pobreza. Porque poder trabajar nos da dignidad, y poder trabajar de algo que nos abre oportunidades y nos gusta nos hace felices.

Este libro también me hizo entender que es posible, en la vida, ayudarnos los unos a los otros. Puedo dar fe

de que esto está muy presente en la cabeza de los fundadores de Rappi, con quienes tengo mucha cercanía, y en
estos últimos años en los que tuve una fuerte exposición
a este ecosistema, comprobé que es igual con los fundadores de casi todos las startups.

Por todo esto creo que la tecnología es la respuesta, y
que aprender permanentemente, dar lugar a la emoción,
conectarnos con nuestro propósito y ayudar a los demás,
todas cosas simples, ensambladas de forma práctica, son
el código del futuro.